Stefan Köhler

ACHTERBAHN
schön war es doch

Das Leben eines Marktvagabunden

16.12.14

Für Ursula Brieden
viel Spaß beim Lesen

Stefan Köhler

Inhalt

1. Wie ich auf die Straße gefallen bin
2. Der Fakir
3. Psychopath
4. Mit Hans bei Straßengeschäften
5. Rolf der Lebemann
6. Meine erste große Liebe
7. Nürnberg Frankencenter Langwasser
8. Überfall und Vorbestraft
9. Jean U.S.A
10. Begierde in Berchtesgaden
11. Ferry, mein Freund der Boxer
12. Condor mein Zuchthengst
13. Schöne Erlebnisse im Osten
14. Mein Wohnwagen und Ich
15. Transenalarm
16. Klaus, Halle – Leipzig Saalepark
17. Amoklauf im Bahnhofsviertel
18. Schwuler Modeschöpfer in der Schweiz
19. Sudfass Frankfurt
20. Sonne in Andalusien
21. Abschied von Gerda
22. Antonio, der Türke und Bautzen
23. Werner, die Huren und ich
24. In die Pfanne gehauen
25. Der Marktmeister
26. Teneriffa und zurück
27. Die Nymphomanin
28. Klaus, Susi und die Harten Jungs
29. Straßen- und Marktspezialisten
30. Steuerfahndung
31. Kriminelle Energie
32. Glück gehabt
33. Epilog

Vorwort

Jetzt schreibt der Kerl das alles wirklich auf. Er hat mich zwar gefragt und etliche dieser „Lebenszuckungen“ erzählt. Aber dass er es wirklich schafft sich hinzusetzen und sie aufzuschreiben ist ein großes Lob wert. Die Sammlung erotischer Abenteuer eines, durch Deutschland streunenden Marktverkäufers müssen weniger literarisch betrachtet werden. Sie sind eher die Auflistung eines heutigen Casanovas in mitten des mittleren Bürgertums. Stefan ist sicher einer der Männer die von sich sagen, er habe sie nicht gezählt aber sind locker 500 oder mehr. Was sind das für Frauen? Warum ist er so unersättlich? Hat er jemals gefunden was er wirklich suchte? Iach hoffe, Sie finden es raus... beim Lesen.

Peter Zingler
Autor, Regisseur und Filmemacher

1. Wie ich auf die Straße gefallen bin

Der ewige Aufstieg und Fall, immer wieder von vorne beginnen, nach einer schönen Zeit. Aber das Leben geht immer weiter. Das Leben besteht aus Höhen und Tiefen, ein jeder muss da durch.
Mich reizte schon in den jungen Jahren Freiheit, Abenteuer und die ewige Rastlosigkeit , immer etwas Neues entdecken, erleben. Ich war nie bodenständig, obwohl ich das wollte oder auch nicht. Mein ganzes Leben immer wieder neue Berührungspunkte. Das sollte mein Weg sein, mein Leben im Abenteuer, ich tauchte in viele Welten ein und konnte mich auch gut darin bewegen.

Jürgen hat meinem Leben einen neuen Anfang gegeben, ich kannte ihn von früher. Ich hatte eine kleine Kneipe in Waldacker, dort war er einer meiner Stammgäste, wir mochten uns. Er kam aus dem Milieu in Frankfurt. Eines Tages verloren wir uns aus den Augen. Jahre später die Begegnung, bis dahin führte ich ein ganz normales Leben, war mit Karin zusammen, hatte einen Job als Handelsvertreter in Frankfurt. Nur, das Geld reichte hinten und vorne nicht. Um mir mehr leisten zu können, musste ein Nebenjob her. Ich arbeitete die Woche über als Vertreter. Jeden Freitag nach Feierabend fuhr ich für Axel Springer die Bildzeitung nach Berlin über die Transitstrecke. Es war schon ein komisches Gefühl durch die ehemalige DDR zu fahren, alles grau in grau. Ich hatte immer ein befreiendes Gefühl wenn ich in Berlin West war, die hellen Lichter, das normale Leben. Ich lieferte die Zeitungen beim

Axel Springer in der Nähe der Mauer nachts um 12.00 ab und übernachtete in einer Raststätte an der Avus. Am anderen Morgen musste ich zum Checkpoint Charlie um aus dem Osten Gold- und Silberbarren abzuholen, für die Degussa Frankfurt.
Samstagabend fuhr ich in das Gelände Degussa und ließ den verplombten Wagen dort stehen und gab die Kfz-Schlüssel dem Pförtner.

Nun ins Leben. In Königstein war eine Disko, aber es durfte nicht jeder rein, schon damals, Samstagabend mit abgezählten Geld in der Tasche wollte ich mir noch ein paar Stunden gönnen in einer Nobeldisko in Königstein. Einer dieser Musikläden, die einem nicht bei Tageslicht betrachtet, das Gefühl geben, dabei zu sein. Lässig, denn es waren ja bezaubernde weibliche Geschöpfe anwesend. Ich näherte mich der Theke und orderte einen Whisky. Beim Griff nach dem Glas berührte ich leicht einen Typ, vor sich hatte der eine ganze Flasche Whisky stehen. Flankiert war er links und rechts mit einer Schönen der Nacht, die sich prächtig amüsierten. Sofort drehte er sich missmutig zu mir um, sein Gesicht erhellte ich schlagartig, fast schrie er: „Stefan“. Wir umarmten uns herzlich, war es doch mein alter Kumpel und Stammgast in meiner ehemals eigenen Kneipe in Waldacker. Jahre hatten wir uns nicht gesehen, das muss gefeiert werden, meinte er. Auf seine Frage was ich denn so machte musste ich antworten, dass ich ein kleiner Verkäufer sei mit Minigehalt. Aber wie ich sehe, geht es Dir gut, Whisky, Häppchen und zwei heiße Mädels.
Sofort griff Jürgen in die Tasche, holte einen „Knödel“ Geld, gab mir davon einige Hunderter und sagte: „Leben und Leben lassen“.

Jetzt feiern wir erst mal unser Wiedersehen, was wir auch ausgiebig taten, landeten in Jürgens Wohnung mit den Mädels, genossen alle vier das Eine, na ja muss man halt so sagen. Vierer wieder mal das Leben. Leider waren Mädels und Alkohol, in dieser Kombination, der schöne Fluch meines Lebens.

An diesem Abend und durch das Treffen mit Jürgen begann ein neuer Lebensabschnitt. Eine Zeit mit Alkohol, Frauen, Geld, ich war 26 Jahre alt, Jürgen hingegen einige Jahre älter. Morgens beim Frühstück, sagte ich: „Jürgen ich muss zur Arbeit, mein Job“. Er sagte nur: „Was willst du da, wenig Geld, du kannst dir nichts erlauben Du kommst mit mir nach Darmstadt, ich zeige dir wie Geld gemacht wird, und anschliessend ins Leben, lass die Mädels noch schlafen die kommen heute Mittag nach Darmstadt“. In Darmstadt angekommen war in der Fußgängerzone eine Eisdiele die über Winter geschlossen hatte. Dort befand sich unser Verkaufsstand für den Straßenverkauf. Zwischen zwei Säulen bauten wir den Stand von zwei Meter auf, es war einige Wochen vor Weihnachten. Wir boten eine Schmuckgarnitur, 5-teilig je 10,- DM an. Jürgen war hinter dem Stand, hatte einen Wolfsmantel an, hob ein Schmuckstück nach dem anderen hoch und pries es an. Er lachte und scherzte mit den Leuten, anschließend packte er alles in eine kleine Geschenktüte aus einer aus Blech gestanzten Rasierklinge. Eines der Teile wurde plötzlich durch seinen Spruch ein feuerversilbertes Teil. Was ist das? Egal keiner der Kunden stellte Fragen, sie hielten fast alle den Zehner in der Hand. Ich versteckte mich hinter einer der Säulen und schaute schüchtern mit zu. Ich dachte nur, das kannst du niemals, eine neue Erfahrung des Verkaufs Straße und das bei ca. 10 bis 20 Leuten vor dir. Plötzlich griff Jürgen nach mir, jetzt bist du dran. Mein Herz rutschte in die Hose, die vielen Menschen vor mir...Mit zitternden Händen nahm ich die kleine Geschenktüte und gab es den Kunden. Ich sah nur Zehner, es verschlug mir die Sprache und das sollte meine Zukunft sein, Straßenverkäufer! Das Abenteuer begann, ich dachte nicht mehr an meinen Job, denn es reizte mich das Geld, Leben, Frauen, denn es gab jeden Tag Bares, es ging bergauf

Gegen Mittag kamen Lola und Steffi nach Darmstadt. Schon von weitem wurde man auf sie aufmerksam, der Gang, die Stiefel, die über die Knie gingen, die enge Lederhose bei Steffi. Mein Blick, wie gefesselt, auf ihren Venushügel der nicht zu übersehen war bei dieser engen Hose. Man bekam schon wieder Sexgedanken. Lola mit einem engen kurzen Minirock, die Stiefel wie Steffi und einen Pelzmantel, den sie offen trug. Ihr Gewerbe der Nacht war nicht zu übersehen. Wir begrüßten uns herzlich, deckten unseren Verkaufsstand ab und gingen gemeinsam zum Essen. Beide verabschiedeten sich und fuhren zurück nach Frankfurt ins Bahnhofsviertel um ihrem Gewerbe nachzugehen. Jürgen und ich verkauften unsere Schmuckgarnitur weiter. Das Geschäft lief wie geschmiert. Um das ganze überstehen zu können hatte ich jeden Tag eine Flasche Asbach und Cola am Stand. Wie jeden Abend trafen wir zum abrechnen bei Jürgens Partner Frank in Sachsenhausen ein. Frank hatte dort ein kleines aber lebhaftes Lokal das gegen Abend öffnete. Öfter wurde die ganze Nacht durch gefeiert, je nach dem wer dort auftauchte. Das Interessante war das Publikum, zumal sich in dieser Kneipe alles traf, Zuhälter, Nutten, Normalos, einfach ein bunt gemischtes Publikum, auch

Geschäftsleute, von jedem etwas. Am Tresen fiel mir ein Mädel auf, Mona

So traf ich auf Mona, in Sachsenhausen bei Frank, Jürgen war auch da. Zuerst wusste ich nicht wie sie hieß. Ihre Blicke trafen ständig auf mich, dunkle Samtaugen, leicht schräg gestellt, lange dunkelbraune Haare fielen bis zur Schulter. Irgendetwas hielt mich ab auf ihre Blicke zu reagieren. Bis sie zum Angriff überging. Sie fing mich am Ausgang der Toilette ab, lehnte lasziv an der Wand, Beine leicht gespreizt den Rock bis zur Hüfte hochgezogen, High Heels, die ihre Beine endlos erscheinen liessen, am Ende dieser schieren Endlosigkeit, kein Höschen. Sie flüsterte, bums mich, ich brauche es jetzt. Meine Sinne waren kaum noch in der Lage etwas vernünftiges zu produzieren, ich sah nur noch diese an der Wand lehnende Versuchung.
Der letzte Rest meiner Sinne sagte, ohne dass ich es wahrnahm, nicht hier, bei mir oder dir zuhause.
Zuhause bei ihr staunte ich nicht schlecht, in ihrem Wohnzimmer saß ein Mann auf der Couch, was mich doch sehr ernüchterte. Um Zeit zu gewinnen, fragte ich nach dem Weg zur Küche, da ich etwas zu trinken brauche. Sie ging mir voraus, setzte sich sofort breitbeinig auf die Arbeitsplatte und forderte mich auf sie zu ficken. Ich hielt ihr den Mund zu und deutete mit dem Daumen Richtung Wohnzimmer. Alles in Ordnung suggerierte sie mir. Ich für meinen Teil sah das nicht so, mir fehlte jegliches Hintergrundwissen dieser Szenerie und verschwand unverrichteter Dinge nach dem Drink. Auf eventuelle Überraschungen stehe ich nicht.
Aus dem Sinn ging sie mir nicht mehr, eigentlich mehr die verlockende Szene. Wie war ich happy sie nach drei Tagen wieder in Sachsenhausen zu sehen. Ich wollte sie

unbedingt haben. Um Überraschungen aus dem Weg zu gehen, mieteten wir uns in einem Stundenhotel ein.
Damen, die ausschließlich beruflicher Natur, uns Männern Freude bereiten, sind nichts weiter als Menschen mit Gefühlen, die sie beruflich nicht ausleben können. Aber die Bedürfnisse nach Zärtlichkeit, Umarmung, Sex, Gier, sich einen Mann auszusuchen mit dem sie das erleben wollen, sind da. Bedürfnisse.
All dies wollte sich Mona von mir holen, sie war unersättlich, hatte einen solchen Nachholbedarf. Mona meinte in mir hätte sie einen tollen Mann gesehen, der all ihre Bedürfnisse befriedigen kann und sie hatte Bedürfnisse. Ohne mein Captagon (Aufputschmittel) hätte ich diese Stunden nicht durchgehalten. Capta war zu der Zeit mein ständiger Begleiter, denn tagsüber musste ich Geld verdienen. Um Abends einen Teil ausgeben zu können, brauchte ich die halbe Nacht, das ließ sich mit ein paar Stunden Schlaf nicht in Eintracht bringen.
Ich beendete die Liebesstunden mit Mona und lud sie zum Essen ein. Da entpuppte sich mein anfängliches unterbewusstes Misstrauen, warum ich auf Monas Augenaufschläge nicht gleich einging.
Sie drehte plötzlich völlig am Rad, schrie herum, sie lasse jetzt alles grossen Jungs im Bahnhofsviertel hochgehen, mache sie fertig. Fragen nach demWarum wurden nicht beantwortet, sie brüllte nur noch unangenehm herum. Vergeblich versuchte ich sie zu beruhigen und von diesem Vorhaben abzubringen, ich kannte ja alle die schweren Jungs. Ich verabschiedete mich von Mona, die war ja nicht normal.
Aber im Bett unersättlich. Sie brauchte es ohne Ende.

Als nächstes hörte ich indirekt von ihr in Form einer Vorladung der Kriminalpolizei als Zeuge auszusagen, denn in jener Nacht war etwas passiert
Auf dem Revier wurden mir Bilder gezeigt und Fragen gestellt. Ich antwortete korrekt, wusste von keinen Vorfällen und konnte nichts zur Aufklärung des Vorfalls beitragen. Nach dem ich meine Aussage gemachte habe, bot mir die Kripo an als V-Mann zu arbeiten. Nein, ist nicht meine Welt. Ich will ohne Angst vergnüglich leben, bleibe lieber bei meinem Straßenverkauf.

Der Auftritt im Frankfurter Amtsgericht, Großer Saal, Haftprüfung der großen Jungs, blieb mir indes nicht erspart. Das ganze Programm. Vor mir das Mikrofon, hinter mir Publikum, links die großen der Unterwelt mit ihren Anwälten, rechts die Staatsanwälte und vorne die Richter. Das Mikrofon ließ die Stimmen im Saal laut, etwas blechern wirken. Die erste Frage an mich war: “Was sind sie von Beruf?“ Straßenverkäufer, zur Zeit in Taschen und zeigte auf die Tasche eines Staatsanwaltes, erwiederte ich. Es erheiterte mich, seine Akten in „meiner“ Tasche des Staatsanwaltes zu wissen.
Das Publikum musste den Saal räumen als die Sache ins Detail ging. Nach der Haftprüfung wurden alle auf freien Fuß gesetzt.

Später in meiner Stammkneipe, die grossen Jungs waren alle da, sie bedankten sich bei mir. Die Richter sagten, der einzige glaubwürdige Zeuge war ich.
Mona, die alles ins Rollen brachte, habe ich nie wieder gesehen.

Das Leben ging weiter und meine Haupteinnahme-quelle war weiterhin der Marktstand im Frankfurter

Bahnhofsviertel und die Zeil. Vom Milieu kam ich auch nicht weg, oder wollte auch gar nicht.

Jürgen und ich verkauften nach Weihnachten immer noch in Darmstadt, nun Nachthemden, ein Sonderposten. Auch hier lief das Geschäft gut. Da sagte Jürgen: „Wenn wir schon Nachthemden verkaufen, dann ziehen wir die auch an“. Sah schon etwas komisch aus, wir beide im Nachthemd hinter unserem Verkaufsstand. Ein paar Tage später gingen uns die gängigen Größen aus, da kamen wir auf die Idee einfach die normalen Größenaufnäher zu entfernen und klebten unsere Größenschilder rein. Nun passte wieder alles, den Damen fiel das gar nicht auf, denn sie kauften nach dem Größenaufkleber.

Jeden Abend in Sachsenhausen bei Frank anzukommen, mit Lola und Steffi hatten wir keine Probleme, die hatten ihre Arbeit im Puff, wir unsere Freude, man konnte sich an dieses Leben gewöhnen.

Immer Bares, Frauen und all das kostete viel Geld, aber wir hatten es ja, wir machten uns keine Gedanken über die Zukunft. Warum auch, wir genossen jeden Tag die, Geschäfte liefen ja.

2. Der Fakir

Ich hatte damals einen Termin auf der Zeil, war in Bornheim unterwegs und traf Peter mit seiner Freundin. Peter war zum Zeitpunkt Arbeitslos und hatte eine Schwester in Wuppertal. Da ich ja in ganz Deutschland die Plätze in Fussgängerzonen sowie auf den Wochenmärkten anmieten konnte, sagte ich zum Peter: „Peter schnapp doch deine Freundin und wir fahren zu deiner Schwester nach Wuppertal“. In Wuppertal bei seiner Schwester angekommen, lernte ich Daniela kennen. Es war die Freundin der Schwester. Wir schauten uns an und ich merkte sie war begeistert von mir und ich von ihr. Sie hatte eine Tochter von 10 Jahren. Ich fuhr den einen oder anderen Wochenmarkt an und verbrachte die Nächte im Hotel, da die Wohnung der Schwester zu klein war. Ich war im Hotel und immer wieder saßen wir Abends entweder bei Daniela oder bei der Schwester. So lernte ich Daniela näher kennen.
Sie bot mir an, warum ich für teuer Geld im Hotel übernachte, ich könne auch bei ihr übernachten. Sie arbeitete als Sekretärin, ihre Tochter ging zur Schule. Auf dem Wochenmarkt traf ich Dietmar, er hatte dort einen Taschenstand. Er fragte mich, ob ich Lust hätte mit ihm zum Heideblütenfest zu kommen, in einem kleinen Ort in der Heide. Peter mit Freundin sagten, ja wir kommen mit, das klingt interessant. Oben angekommen saßen wir Abends im Hotel, ich aber hatte die Ferienwohnung.

Am nächsten Morgen, nach dem Frühstück wollte der Wirt das Geld für die Übernachtung. Ich habe das Geld in der Ferienwohnung, einen kleinen Moment ich hole das Geld entgegnete ich. Mein Problem war, ich hatte kein Geld. In der Ferienwohnung angekommen mit der Hoffnung einer meiner Begleiter würde mir das Geld leihen, sprach ich mit Dietmar vom Taschenstand. Dietmar sagte, Stefan ich habe auch ein Problem, auch ich habe kein Geld. Kurzerhand sagte ich, ich muss auf den Markt und Geld machen. Wenige Zeit später, nochmal zurück in die Ferienwohnung traf ich dort nur noch Peters Freundin. Sie hüpfte nur in einem Hauch von Slip vor mir her, sie reizte mich ungemein. Was soll`s dachte ich und vernaschte sie. Diese Männergeilheit ihrerseites veranlasste Peter sich von ihr zu trennen. In diesem Augenblick tat es mir und ihr gut.

Anschließend fuhr ich auf den Markt und arbeitete den ganzen Tag. Den Hotelwirt rief ich noch an und erzählte ihm, ich sei jetzt auf dem Markt und kann nicht weg, ich würde abends bezahlen. Die Geschäfte liefen gut, abends wollte ich die Hotelrechnung zahlen. Aus dem Jacket holte ich Bündel Geld und sagte zum Wirt, dass ich noch eine Nacht bleibe. Erfreut sagte er, dann brauchen sie erst Morgen zahlen.

Am nächsten Tag reisten wir nach Wuppertal zurück. Peter mit Freundin waren bei seiner Schwester, ich war bei Daniela.

Peter trennte sich in der Zeit von seiner Freundin, die nach Frankfurt zurück fuhr. Peter sagte, ich helfe dir ein bisschen. Mein Verkaufsstand lag in der Fußgängerzone. Nach der Arbeit schlenderten wir durch Kneipen, dort begegnete ich dem Fakir.

Er sah interessant aus, klein drahtig, immer einen Statson auf und in Jeansanzug und Cowboystiefel. Als er raus ging zum Arbeiten, haben wir uns das

angesehen. Er machte etwa drei bis vier Vorstellungen pro Abend. Sein Equipment bestand aus einem Benzinkanister, gefüllt mit Diesel und einem Nagelbrett. Sein Stetson lag immer vor ihm, damit die Leute ihr Geld einwerfen konnten.
Wir freundeten uns an, alsbald zeigte er mir seine billige Absteige. Doch scheinbar gefiel ihm meine unkomplizierte Einstellung zum Leben. Jedenfalls, nach seinen Vorstellungen gab er mir seine Einnahmen und fragte, Stefan kann ich mit dir kommen. Er reiste mit mir auf die Märkte, er machte gerne Vorstellungen auf dem Campingplatz. Er sorgte für Peter und mich, waschen, einkaufen usw. Sollten wir mal abends einen zuviel getrunken haben, machten wir am nächsten Tag „Urlaub".

Eines Tages machte er den Vorschlag nach Südfrankreich zu fahren. In der Nähe von San Tropez hatten wir eine Wohnung. Wir tingelten zwische Nizza und Cannes. Jeden Abend einige Vorstellungen. Dort machten wir mit französischen Frauen und deutschen Urlauberinnen Bekanntschaft. Es war International und sehr amusant.

Nach einigen Wochen Südfrankreich, stellte sich heraus, dass seine Einnahmen auf Dauer zu knapp ausfielen. Wir mussten uns trennen, er blieb in Südfrankreich, ich kehrte zurück nach Wuppertal, wollte zu Daniela. So stand ich wieder vor ihrer Tür, klingelte und sagte einfach, Daniela ich bin wieder da.
Meine Daniela wollte ich doch nicht verlieren und wollte meinem Alkoholdurst adé sagen. Bei den anonymen Alkoholikern konnte ich wochenlang dem Alkohol entsagen.

Die Schreckensgeschichten der Mitgenossen schockten mich doch sehr, Alkohol macht alles kaputt. Für Daniela ging ich durch die antialkoholische Hölle. Mein Fleisch war schwächer als mein Geist und ich wurde wieder rückfällig.

Aber zwischenzeitlich hatte ich wieder enorm gut verdient und Daniela ein kleines Geschenkartikelgeschäft eingerichtet. Leider hat sich der Teufel Alkohol zwischen meine Daniela und mir gedrängt und ich habe sie verlassen. Der Alkohol, meine Freiheit war mir wichtiger. Das Geschäft ließ ich ihr. Ich ging wieder mit null Geld in den Taschen nach Frankfurt zurück.

3. Der Psychopath

Eines Tages bekam ich einen Anruf, der die Frage beinhaltete, ob ich mal viel Geld verdienen möchte. Was soll ich tun? Keine Fragen stellen, nur Auto fahren! Ok. Willi, so nannte sich der Anrufer und wir verabredeten uns auf einem Campingplatz. Dort habe ich nicht nur ihn, sondern auch seine Frau kennen gelernt. Sie hatten ihre Kinder dabei. Zu diesem Zeitpunkt wusste ich nicht, dass er erst zwei Monate auf freiem Fuß war. Wegen Totschlags saß er acht Jahre im Gefängnis, wie ich später erfuhr. Der mich an ihn vermittelt hatte wusste es, sagte es mir aber nicht. Beide waren freundlich und sehr nett. „Stefan, keine Fragen stellen, nur Auto fahren." Sie sprachen über tausende Euros pro Fahrt.

Ich dachte, da ist was faul, geht um Rauschgift? Ich war, wie immer, neugierig, konnte aber das Geld auch gut gebrauchen. Ich wusste nichts, wir beide fuhren am späten Nachmittag von Frankfurt in Richtung Ulm. Dort angekommen setzte ich Willi in einem Industriegebiet ab. Er sagte dann zu mir: „Fahr in Richtung Frankfurt auf den nächsten Rastplatz und warte auf meinen Anruf." Erst gegen Mitternacht ging mein Telefon. Er war dran und sagte: „Die Sache hat geklappt, Du kannst nach Frankfurt fahren". Am Vormittag trafen wir uns, er gab mir dreitausend Euro und sagte zu mir: „Ich habe eine Sache vor, die weit über hunderttausend Euro bringt, aber dafür brauchen wir Waffen."

Er sagte mir nicht um was es ging. Ich sagte, mit mir kannst du nicht rechnen, ich habe viele Dinger hinter mich gebracht, aber das ist mir zu heiß. Ich verabschiedete mich und dachte nur, na, die Kohle hast du und Tschüss. Tage später ging mein Telefon, seine

Frau war daran, die mir sagte, dass er mich für eine neue Sache brauche. Ich sagte nein, doch seine Frau und er bettelten mich buchstäblich an, bitte, bitte nur noch einmal. Er bot mir fünftausend Euro. Ich konnte des Geldes wegen nicht widerstehen. Wir fuhren am nächsten Tag nach München, wieder die gleiche Geschichte. Ich setzte ihn im Industriegebiet ab, fuhr Richtung Frankfurt den nächsten Rastplatz an und wartete auf seinen Anruf ob ich ihn abholen sollte oder die Sache geklappt hat.
Er rief an, ich sollte zu einem kleinen Ort bei Gelnhausen kommen. Ok, der Horror begann. Auf der Fahrt dorthin fragte ich mich in welche Sache bist du rein geraten, ok, zieh es durch. Dort angekommen hörte ich laute Musik. Ich ging ins Haus, dort war er und stellte mir seinen Schwiegervater vor, der auf dem Sofa saß. Willi kam auf mich zu. Er hatte eine Alkoholfahne, nahm mich in den Arm und sagte, alles ok. Mir war gar nicht wohl dabei, er war irgendwie anders. Ich sagte keinen Ton, dachte nur wenn ich mein Geld habe gehe ich sofort. Aber es kam anders. Er spielte mit mir, er sagte nur, hier dein Geld, ich kann dir nur dreitausend geben, mehr war nicht drin. Ok, er blätterte einen hundert Euro Schein nach dem anderen auf meine Hand. Ich nahm das Geld und steckte es ein. Ich wollte schon gehen, aber er kam auf mich zu und lächelte mich an und drückte mir seine Faust ins Gesicht. Ich wusste, nun wird es ganz heiß. Er hatte mich nur im Auge, ich merkte nur, der ist nicht normal, er hatte seinen Charakter total verändert.
Er wurde leicht aggressiv. Ich ging auf die Toilette, in der Hoffnung, dass ich durch ein Fenster nach draußen flüchten kann, aber das Fenster war zu klein. Als ich zurück ins Zimmer kam gingen meine Augen durch den Raum, ich musste einen Gegenstand finden zur

Verteidigung, sonst wenn es eskaliert habe ich keine Chance. Er kam wiederum auf mich zu und sagte: „Gib mir mal die Kohle“. Ich gab sie ihm zurück, er stand mir gegenüber und gab mir einen Hunderter nach dem anderen zurück. Als er bei Fünfhundert angekommen war dachte ich nur, wenigstens etwas. Er gab mir alles wieder zurück. Plötzlich sah ich ein Messer aufblitzen.

Sein Schwiegervater drückte es verdeckt an seinen rechten Oberschenkel, so dass es Willi nicht mitbekam. Es war eine Situation die man nicht beschreiben kann. Plötzlich ging mein Telefon, seine Frau war dran. Ich gab es ihm rüber, mir war aufgefallen immer wenn er mit ihr telefonierte war er wie ein kleines Kind. Als das Gespräch beendet war, nahm er mein Telefon und brach es mit beiden Händen auseinander, spuckte drauf und steckte es in meine Hemdtasche. Er wurde böse und laut, ich dachte nur bleib ganz ruhig. Sein Schwiegervater hatte das Messer immer noch verdeckt in seiner Hand. Kurz darauf sagte er zu mir: „Fahr mich auf den Campingplatz zu meiner Frau“.
Endlich sah ich meine Chance zu entkommen. Als wir in Richtung Autobahn fuhren ging das Spiel weiter. Er hielt eine Pistole an meinen Kopf und sagte, dass wir den nächsten Parkplatz anfahren. Er sagte ich kenne mich mit DNA-Spuren aus, glaubst du du kannst das Geld behalten. Wenn das mit dir vorbei ist kräht kein Hahn mehr nach dir. Deshalb zerstörte er mein Telefon. Ich wollte ein Vollbremsung machen, mit der er nicht rechnete, um das Auto zu verlassen. Zu meinem Glück war der Tank fast leer. Ich sagte, dass wir das nicht bis Frankfurt schaffen, wir müssen tanken. Jetzt hatte ich eine Chance zu flüchten. Ende des Dorfes auf dem Weg zur Autobahn war eine Tankstelle, ich stieg aus. Er wollte mir noch hundert Euro geben, ich sagte zu ihm,

du kannst selber tanken und schau wie du nach hause kommst, nicht mit mir. Ich lief in die Tankstelle und sagte der Dame an der Kasse:“Rufen sie die Polizei, hier passiert gleich etwas“. Sie schaute mich nur an und reagierte gar nicht. Warum auch, sie dachte vielleicht ich scherze.
Dann sah ich eine Tür auf der stand Werkstatt, dort standen vier Mann denen ich das gleiche sagte wie der Dame an der Kasse, auch sie reagierten nicht. Ich flüchtete aus der Werkstatt, lief eine Straße hoch, begegnete einem Mann der in sein Haus wollte, den bat ich ein Taxi zu bestellen. Er ging in sein Haus, ich verschanzte mich zwei Häuser weiter im Gebüsch und beobachtete die Straße ob ein schwarzer Audi vorbei kommt, denn das war sein Fahrzeug. Ich wartete, es kam weder der Audi noch ein Taxi. Nach einer Weile begab ich mich auf den Weg ins Dorf, ging in die nächste Kneipe bestellte ein Bier und setzte mich in die Nähe des Fernsehers um die Straße zu beobachten, wegen des Audis.
Ein Taxi fuhr mich nach Gelnhausen zum Bahnhof, von dort fuhr ich nach Frankfurt. Monate später, ich hatte einen Verkaufsplatz auf der Zeil, da kam Willis Schwiegermutter vorbei, ich tat so als wenn ich sie nicht gesehen hätte. Sie kam auf mich zu und sagte, es sei alles ok. Ich fragte nur wie geht es Willi und deinem Mann. Sie sagte nur, Willi ist ewig weg, der hat bei einem Überfall jemanden bestialisch umgebracht, der ist für immer weg, mein Mann ist verstorben. Um welche Geschichte es in Ulm und München ging wird wohl ein Geheimnis bleiben.

4. Mit Hans bei Straßengeschäften

Wenn man Straßengeschäfte macht, begegnet man vielen Leuten so auch Hans. Ich arbeitete im Raum Frankfurt, Hanau, Wiesbaden, Offenbach. Ich hatten immer eine Sondernutzungserlaubnis der jeweiligen Städte, eine Woche und manchmal zwei Wochen. Sobald ein Artikel nicht den entsprechenden Umsatz brachte wurde er ausgewechselt; Parfüm, Gemüsehobel, Schmuck usw.

Hans begegnete mir in Offenbach in der Fussgängerzone. Ich hatten dort einen Verkaufsstand. Hans, eine schmale Erscheinung mit Schnurrbart, Brille machte einen seriösen Eindruck auf mich, gut gestylt. Er hatte einen Pornoshop in Offenbach, der aber nicht so lief wie er dachte. Nebenbei verkaufte er in Frankfurt, Hanau, Wiesbaden eine Parfümgarnitur, 3 Flaschen, verschiedene Düfte, immer nach dem gleichen Schema und Spruch. Ohne Genehmigung der Stadt nahm er eine Sackkarre, lud 3 Karton drauf und nun in die Fußgängerzone. Er heftete sich ein Namensschild an seine Anzugjacke damit die Leute die vorübergingen dachten es ist eine korrekte Firma, anschließend ging er in einen Parfümladen und holte dort eine kleine Flasche Markenparfüm und einen Zerstäuber, leerte eines seiner Fläschchen und füllte das Markenparfüm hinein. „Super Duft!“ Sein Spruch und seine Rhetorik einmalig, die Leute kauften wie blind. Schnell war alles weg. Es reichte ihm, 100 Garnituren à 10,- DM in nur einer Stunde . Er konnte nur reden dank Aufputschmittel. Er hatte geniale Einfälle um an Geld zu kommen.

Wir gingen in eine Sparkasse, dort überwies er einen kleinen Betrag an die Stadt Frankfurt mit dem Vermerk

„“Sondererlaubnis Kaufhof Zeil“. Wir gingen gemeinsam zum Kaufhof Haupteingang, er wie immer, im Anzug, mit Firmennamenschild.
Ich sollte im dritten Stock ein Paket Prospekte holen bei Kaufhofreisen im dortigen Reisebüro, mit dem Spruch: „Wir machen für die Parfümabteilung des Hauses Direktwerbung vor dem Haus und Kaufhofreisen“. Man gab mir ein Paket Prospekte. Als ich nach unten ging begegnete mir ein Abteilungsleiter und fragte: „Was machen Sie da mit den Prospekten“? Ich sagte ihm, wir machen Direktwerbung für die Parfümabteilung und dem Reisebüro vor dem Haus. Die Hauptzentrale sei in Köln, Herr Müller, hat uns die Genehmigung gegeben, fragen sie dort nach. Unten, bei Hans angekommen berichtete ich ihm den Vorfall.
Er war voll im Verkauf, es lief super, er sagte nur gib mir die Prospekte, packte in jede Tüte, die er den Kunden gab ein Prospekt mit dem Spruch Kaufhofreisen nicht vergessen. Den Überweisungsbeleg -Stadt Frankfurt- hatte er nur bei sich, falls jemand vom Ordnungsamt nach der Genehmigung fragte. Nach etwa einer halben Stunde kam der Geschäftsführer vor den Eingang. Wir waren mitten im Verkauf als uns der Geschäftsführer unterbrach. Herr Müller von der Hauptzentrale Köln wisse nichts von dieser Aktion. Hans reagierte ganz gelassen, holte ein DIN A4 Schreiben aus seiner Jackentasche, schaute den Geschäftsführer an und sagte: „Wir haben es hier schriftlich, Kaufhalle Zeil, Werbeaktion“. Der Geschäftsführer sagte, die Kaufhalle ist am anderen Ende der Zeil, hier ist der Kaufhof.

Wir hatten weder die Genehmigung von der Kaufhalle noch vom Kaufhof oder der Stadt, nur der Zulauf war beim Kaufhofeingang der Beste auf der Zeil. Wir

entschuldigten uns beim Geschäftsführer. Hans machte noch die Bemerkung vor dem Geschäftsführer mit harschem Ton zu mir: „Können sie nicht unterscheiden zwischen Kaufhof und Kaufhalle?“ Kleinlaut sagte ich nur, es täte mir leid, ich würde jedes Schreiben zweimal lesen damit so etwas nicht mehr passiere. Es gab keine Probleme mit dem Haus. Wir hatten ohne Kosten unser Geld nach einer Stunde im Sack.
Hans arbeitete früher nur so, denn das Geld lag damals auf der Straße, ich hob es mit ihm auf. Ich habe von Hans einiges gelernt wie man durchs Leben kommen kann, der richtige Spruch zur richtigen Zeit.

5. Rolf der Lebemann

Eines Abends war ich, wie immer im Bahnhofsviertel, ging von einem Lokal zum Anderen. Überall das volle Leben. In einer kleinen Bar begegnete ich Rolf.

Rolf war sehr gut drauf. Wir tranken gemeinsam und kamen uns näher, auch ich war ihm sympathisch. Neben ihm saßen ein deutsches Mädel, eine Rubensdame, sowie eine interessante schöne Dame mitte dreissig. Aber das Mädel neben Hardy übertraf alles, was sich an Frauen die sich in dieser Bar bewegten. Meine Blicke richteten sich automatisch Richtung Bar, dort sassen die Damen mit kurzen engen Röcken, mit sehr engen Hotpans und kniehohen Lederstiefeln. Schon der Anblick konnte einen erregen, aber da sie Rolf kannten wurde ich nicht angemacht. Zurück zu Maria, so hieß der Traum von Frau neben Rolf. Dass sich alle Männeraugen auf sie richteten, lag daran, sie kam aus Lateinamerika, damals ein Typ der ganz rar im Bahnhofsviertel war, denn dort arbeiteten in den Puffs und Kontakthöfen überwiegend deutsche Frauen.

Maria war illegal in Frankfurt. Als es Probleme mit den Behörden gab, hat sie Rolf kurzerhand geheiratet, denn sie war eine Superpartie. Sie brachte locker das doppelte Geld als ihre deutschen Kolleginnen. Bei Sonderwünschen mussten die Freier richtig in die Tasche greifen. Maria hatte in einem Stadtteil von Frankfurt ein Apartment und empfing dort ihre Freier. Rolf hatte einen Autohandel. Er handelte überwiegend mit Nobelkarossen. So kam ich auch günstig an einen Lamborghini, den ich mit großem Vergnügen fuhr. Rolf sagte, lass uns etwas gemeinsam machen, ich nickte. Das Autogeschäft ging sehr gut. Drei mal die Woche sind wir für ein Autohaus Richtung Stuttgart gefahren. Unterwegs besorgten wir Jahreswagen von Mercedes, denn das Autohaus hatte Bestellungen aus Fernost. Wir fuhren los, Rolf als Beifahrer, mit Funktelefon und einem kleinen Koffer Geld. Auf dem Weg Richtung Stuttgart hielten wir in mittleren Kleinstädten an, dort am Bahnhof holten wir die Regionalzeitungen. Rolf studierte die KFZ-Anzeigen, suchte bewusst Mercedes-Jahreswagen. Wenn wir fündig wurden rief er an. Dann fuhren wir dort hin und machten an Ort und Stelle den Kaufvertrag, bezahlten bar. Ich fuhr den Wagen nach Frankfurt, dort haben sie den Tacho manipuliert, zwecks Wertsteigerung. Wir bekamen für jeden Wagen 1000,- DM. In Frankfurt angekommen machten wir uns fertig für das Nachtleben. Rolf fuhr mit einer Corvette, ich mit meinem Lamborghini in der Kaiserstraße vor.

Wir durchstreiften das Bahnhofsviertel. Horst, den ich kannte, hatte dort eine Bar mit einem kleinen Spielcasino im Keller. In einem Nebenraum wurde gezockt, es ging um richtig Geld, je höher die Einlagen wurden knisterte sogar die Luft, totenstille. Rolf zockte mit, als sein Gegenüber keine Kohle mehr hatte, zockten sie um seinen Wolfsmantel, diese Mäntel waren damals Statussymbole. Rolf hatte auch einen an, leider musste er den Mantel auch noch geben. Rolf nahm den Wolfsmantel, warf ihn zu mir rüber und sagte: „Schenke ich dir zu Weihnachten!“
Nun gingen wir beide, durchs Bahnhofsviertel und erlebten feucht fröhlich die Nacht.

Einmal waren wir wegen diversen Geschäften in München als Rolf zu mir sagte, du wir müssen zurück nach Frankfurt, ich mache mir Sorgen weil Maria seit zwei Tagen nicht mehr angerufen hat, auch ich komme telefonisch nicht durch. Also ging es zurück nach Frankfurt. Als wir in das Appartment kamen, lag Maria erdrosselt im Bett.

Es war der reinste Horror!

Rolf wusste wo ihr Geld ist, einige Zigtausende Bares, sowie diverse Sparbücher. Ich musste aus dem Apartment, hatte einen Schock und wartete draussen bis die Polizei kam. Unfassbar, aber das Leben geht weiter.

6. Meine erste große Liebe

Damals in den siebziger Jahren begann der Bau der U-Bahn. Ich hatte einen Verkaufsstand auf der Zeil, veräußerte Sonnenbrillen. Die Geschäfte gingen, wie immer, gut. Ab und zu wechselte ich den Artikel, was gerade der Renner war. In der Nähe der Zeil war ein Lokal, dort war ich in den Pausen zu Gast. Eines Tages fing dort eine neue Bedienung an zu arbeiten. Es war ein bildhübsches Mädel, zwanzig Jahre, ich dreissig. In diesem Lokal verkehrten sehr viele Geschäftsleute, Alle waren heiß auf das junge Mädel, wie auch ich. Wir kamen uns näher.

Bevor sie zur Arbeit ging kam sie an meinem Stand vorbei. Aus einer Begegnung wurde Liebe. Sie wohnte noch bei ihren Eltern. Etwas später zog sie bei mir ein. Ich dachte nur, keiner der Geschäftsleute hatte eine Chance aber der Straßenverkäufer. Wir hatten eine sehr schöne Zeit... nur der Alkohol. Ich hatte meinen Verkaufsstand im Bahnhofsviertel, die Versuchung der Frauen war zu gross. Da ich gutes Geld verdiente konnte ich ein paar mal in der Woche im Milieu Gas geben.
Hannelore passte das gar nicht, was ich verstehen konnte. Ich machte aber was ich wollte. Ich konnte mir unter den vielen Frauen einfach eine nur so aussuchen, liebte aber nur Hannelore. Eines Tages war sie schwanger, wir wollten ein Kind. Unsere Tochter kam zur Welt. Wir wohnten in der Mainzer Landstraße. Eines Tages war ich wie immer im Nachtleben unterwegs. Wir, die Jungs und ich gingen um die Häuser und ließen es krachen, und zwar die ganze Nacht. Am morgen dachte ich an meine Frau und mein Kind. Was hast du wieder für eine Scheisse gebaut.

Mit der letzten Kohle, die ich noch in der Tasche hatte, ging ich in das nächste Reisebüro und buchte eine Reise in den Süden als Wiedergutmachung für meine Eskapaden der Nacht. Als ich nach Hause kam weinte und schrie sie, ich konnte sie kaum beruhigen, sie sagte nur ich habe dich so geliebt ich kann nicht mehr, bitte geh. Ich flehte sie an, bleib bei mir, gab ihr die Flugtickets, lass uns im Urlaub darüber reden. Sie nahm die Tickets und schmiss sie in die Mülltonne. Ich wußte es ist vorbei, aber ich liebte sie immer noch. Sie wollte nicht mehr, ich konnte sie verstehen

Was mich beherrsche war der Alkohol, die Frauen, Geld, ich kam nicht davon los.

Ich wusste nicht wohin, fiel in ein tiefes Loch, machte eine Woche Urlaub um darüber wegzukommen. Als ich zurück kam, musste ich mich erst mal um eine Wohnung kümmern. Um die Zeit zu überbrücken bot mir ein Freund eine Schlafstelle an, da seine Wohnung zu klein war für fünf Personen, denn zu meinem Freund gehörten noch seine Frau und zwei Kinder. Er sagte, wir richten dir oben im Dachboden eine Schlafstelle ein. Eine kleine Dachluke als Fenster, ein Bett sowie ein Spiegel, ein Haken an der Wand für meine Sachen sowie ein Eimer Wasser zum Pinkeln wenn Not war. Ansonsten ging ich einen Stock tiefer in die die Wohnung, auch zum Duschen und zum Essen. Ich konnte die Trennung von Hannelore und meinen Kind nur ganz schwer verarbeiten. Es gab kein zurück.

Eines Tages rief sie mich an. Sie wollte mich sehen, wir trafen uns, sie sagte, weißt du was ich jetzt mache? Ich sagte, dass ich mir das denken kann. Ich verfiel dem Alkohol und Drogen, vernachlässigte die Arbeit. Es ging nur noch bergab, ich war am Ende, wollte nicht mehr leben. Eines Tages schaute ich in meiner Dachkammer in den Spiegel, ich sah jemand anderes. Ich dachte nur, es muss was passieren, sonst ist alles zu spät. Ich schaffte es ganz allein, stürzte mich in meine Arbeit, einen Verkaufsstand im Kaisersack, um alles zu vergessen. Hannelore arbeitete ganz in meiner Nähe. In einer Bar trafen wir uns einige mal, gingen mal Essen.
Sie gab mir auch hin und wieder Geld, wenn ich es brauchte, denn sie arbeite nur für sich. Unsere Tochter

war bei ihren Eltern. Es ging ihr gut, auch sie sah ich öfter.
Trotz meinem Absturz ging es wieder bergauf. Die alten Zeiten waren zurück. Das Spiel begann von vorne, Nachtleben, Frauen, Leben. Mir begegnete Susi, sie war Wirtschafterin in einem Puff. Sie hatte Urlaub, ich nahm sie mit nach Bayern, dort hatte ich einige Termine auf verschiedenen Märkten. Ich war am Arbeiten, sie sah sich den Markt an, als sie zurück kam sagte sie nur, da eröffnet sich ein neuer Markt für die Mädels. Ich antwortete nur so sexy wie du bist wird jeder Marktfahrer heiß, denn sie haben Geld und sind tagelang ohne Frauen unterwegs. Da fällst du ihnen sicher sofort ins Auge. Es gibt ja nicht in jeder Kleinstadt einen Puff wo sie abschalten können. Wir hatten eine schöne Zeit, fuhren zurück nach Frankfurt. Sie arbeitete wieder im Puff.

Ich tingelte fast jeden Abend zwischen Altstadt und Bahnhofsviertel. Dort lernte ich eine Nachtclubtänzerin kennen, ich musste mich teilen, Markt, Susi, Hannelore, Carmen die Tabeltänzerin. Das war einiges Tages zu viel des Guten, ich brach das Verhältnis Susi ab sowie zu Carmen. Hannelore lernte einen ganz grossen Geschäftsmann kennen, sie machten ihr Ding. Egal, mein Geld machte ich als Straßenverkäufer, es reichte mir, konnte davon leben, war in ganz Deutschland unterwegs. Wo es mir gefallen hat blieb ich noch einige Tage. Auch hier begegneten wir immer wieder Frauen, aber die richtige war nicht dabei, keine konnte mich halten, ich zog weiter hielt aber Kontakt. Wenn ich auf der Durchreise war, hatte ich immer ein Bett.

7. Nürnberg Frankencenter Langwasser

Ich machte Weihnachtsmarkt in einem Einkaufscenter. Es gab kleines Geld. Ich musste mir nach Weihnachten etwas einfallen lassen, damit ich über den Winter komme. Ein Kollege gab mir den Tipp, mir zwischen den Jahren einen Platz im Frankencenter Langwasser zu verschaffen. Gesagt getan. In der Nähe des EKZ war ein kleines Gasthaus mit Fremdenzimmer, dort übernachteten überwiegend Monteure. Einfache Zimmer, Toilette und Dusche auf dem Flur. Mir bleib nichts anderes übrig, ich hatte ja wenig Geld und wusste nicht was das Center bringt. Ich zahlte für eine Woche im voraus das Standgeld. Jetzt musste etwas passieren, denn ich war fast blank. Am ersten Abend konnte ich mich ganz locker zurück lehnen, die ersten zweieinhalb tausend Mark waren in der Tasche und das jeden Tag plus minus, es ging wieder aufwärts. Als die Woche vorbei war sagte ich mir, der Winter kann kommen. Die Woche darauf zahlte ich wieder für eine Woche das Standgeld. In der Nähe von Nürnberg wohnte Klaus. Er hatte mir den Gemüsehobel sowie die Propaganda Jahre zuvor beigebracht. Er war einmal mein Meister, ich sein Schüler. Ich rief ihn an, er sagte, wo steckst du, hier im Frankencenter, und wie läufst? Gut, ich gab ihm die Umsätze durch. „Hört sich gut an, bin mause, kann ich mitnießen, habe mein gesamtes Wintergeld verzockt", entgegnete er. Ich sagte kannst kommen. Als er am nächsten Morgen vor meinem Stand war, meinte er nur, gib einen Zwanziger, muss erst mal Frühstücken. Ich rief ihm nach, wenn du zurück bist, machst du die erste Probe. Am Abend, im

Dauber, dem Restaurant, rechneten wir ab. Er kam auf mein Zimmer und fragte wie lange ich den Platz habe. Bis zum Abwinken. Er sagte: „Pack deine Sachen es gibt Besseres“. Wir fuhren Richtung Nürnberg. Hinter einer Tankstelle war ein erstklassiges Hotel. Auf dem Weg ins Zimmer fragte ich was das hier kostet. Ich mach das schon, erwiderte er. Ok. Als ich auf mein Zimmer kam suchte ich die Preisliste, entdeckte sie am Eingang zum Bad. Er war neben an. Ich ging zu ihm und sagte: „Ausziehen, für uns beide über viehundert Mark pro Nacht“. Er sagte nur ist das nicht in deinem Sinne, ich mach das schon. Nach dem Essen gingen wir in die Hausbar, dort sprach er mit dem Hausmanager, erklärte ihm, wir blieben zwei Monate und liessen unser Geld im Hause. Wir bekamen die Suite zum halben Preis. Nach drei Wochen sagte ich zu Klaus, ich halte das nicht mehr aus, wir arbeiten, es bleibt nichts übrig, trotz der guten Umsätze. Nürnberger Nachtleben, Mädels auf dem Zimmer, Orgien. Er meinte ich habe recht, jetzt reicht es. Die nächste Woche halten wir die Kohle zusammen. Ich wollte den Platz weiter mieten.

Nun kam das Erwachen. Man teilte mir nur noch zwei Tage zu, weil danach eine Ausstellung stattfindet. Wir bekamen einen Platz im Keller. Der Umsatz ging auch in den Keller. Das Ende vom Lied, wir landeten im Dauber. Ich konnte den Platz im Keller nur noch alleine halten um über die Runden zu kommen. Wir trennten uns. Zum Abschied sagte ich, ich arbeite mit dir nur noch wenn ich Freude brauche, die Freude wiederholte sich später in Bad Reichenhall, Fußgängerzone, Steigenberger Casino.

8. Überfall und Vorbestraft

Anfang der siebziger Jahre lernte ich Dagmar kennen. Ich war damals im internationalen Fernverkehr in ganz Europa tätig, verdiente gutes Geld aber das Rotlicht hat mich immer wieder eingeholt, wie sich später zeigen wird.

Ich heiratete Dagmar, wir zeugten eine Tochter. Ich glaubte an eine Familie und ein geregeltes Leben, also ein ganz normales Leben, aber es sollte nicht sein. Mein Weg nahm einen anderen Lauf.

In Waldacker bei Offenbach war ein kleines Lokal zu verpachten. Da ich damals vorbestraft war wegen Körperverletzung bekam ich keine Konzession. Deshalb musste Dagmar das Lokal auf ihren Namen nehmen. Es lief ganz gut, dann tauchte ihr Bruder auf. Ich besorgte ihm Arbeit als Fahrer sowie eine Wohnung in unserer Nähe. Ich tingelte zwischen Waldacker und Frankfurter Bahnhofsviertel hin und her. Dort lernte ich Marion kennen. Sie schaffte privat in Höchst an. Das unangenehme an ihr war, dass immer wenn ich mit ihr schlief, zerkratzte sie mir mit ihren Fingernägeln den gesamten Oberkörper, aber für einige Dollar habe ich das in kauf genommen. Eines Abends kam ich nach Waldacker ins Lokal wollte Geld aus der Kasse nehmen. Dagmar weigerte sich. Ich bin an die Theke und griff dort in die Kasse, danach lief ich nach hause, wir wohnten ganz in der Nähe. Später stand die Polizei vor der Tür. Meine Frau hatte sie zu mir geschickt. Sie wollten meine Papiere sehen. Ich sagte, das ich nicht weiß nicht wo sie sind. Wir fuhren zur Überprüfung Richtung Revier. Auf der Fahrt dorthin konnte ich die beiden Polizisten mit Geld bestechen. Sie waren auf meiner Seite, sie hätte Fälle genug, wo Frauen versuchten Ihre Männer in den Knast zu bringen. Als ich wieder zu hause war trank ich noch ein paar Whisky. Ich saß im Wohnzimmer als sich die Tür öffnete und meine Frau mit ihrem Bruder traten ein. Er sagte: „Gib die Kohle wieder her sonst hau ich dir in die Fresse und wenn du dich wehrst, denk an den Knast“. Ich zögerte nicht lange, ich wollte nur weg, schnappte ihn an der Lederjacke und schleuderte ihn gegen die Wand. Als ich danach die Wohnung verlassen wollte, musste ich auch an meiner Frau vorbei. Meine Frau ließ sich fallen und schrie herum, so als hätte ich ihr etwas angetan. Nichts wie weg. Als ich unten an die Haustür kam war diese verschlossen. In diesem Moment stürzte ihr Bruder auf mich. Wir flogen zusammen durch die Glastür uns Freie. Ich verteidige mich nur kurz um zu flüchten. Die Nacht verbrachte bei einem Stammgast.

Am nächsten Tag setzt ich mich mit Marion in Verbindung, tauchte dort erstmals unter. Immer wenn sie Gäste hatte war ich in der Nähe in einem Lokal.
Ich machte mir Gedanken, wie ich dem Bruder meiner Frau einen Denkzettel verpassen könnte. Er sollte sich sicher fühlen. Nach einigen Wochen fuhren wir mit zwei Autos, acht Mann als Zeugen und ich zum Lokal. Einer der Jungs hatte eine Pistole dabei. Als wir da waren schaute der Bruder aus dem Schalterverkauf des Lokals. Ich winkte nur kurz aus dem Auto. Dann betraten wir das Lokal. An der Theke waren vier Stammgäste, die mich kurz grüßten, ihre Rechnung bezahlten und das Lokal verließen. Sie ahnten wohl, da passiert gleich etwas.

Nun waren wir allein. Ich sagte: „Bring den Jungs etwas zum Trinken“. Als er die Getränke brachte, sagte ich: „Die Rollos runter und das Lokal schließen." Er machte keine Anstalten bis einer meiner Leute eine

Pistole auf den Tisch knallte und sagte: „Kannst Du nicht hören!" Er befolgte den Aufruf, ich ging auf ihn zu nahm ein Glas, schlug es kaputt und fügte mir eine kleine Wunde am Arm zu und sagte: „Jetzt hast du einen Fehler gemacht, ich habe Zeugen mitgebracht!" Hinter der Theke befand sich ein kleiner Lagerraum. Ich sagte ihm, dass wir beide jetzt da rein gehen und wenn ich draußen bin und du deinen Kopf anschließend aus der Tür steckst, wirst du meinen Absatz spüren. Mach jetzt die Rechnung und merke dir in Zukunft, suche dir immer deine Gegner aus. Du hast Glück gehabt.
Meine Leute konnten das nicht verstehen. Sie wollten ihn und das Lokal platt machen. Ich sagte, schon ok. Ein halbes Jahr später traf ich ihn zufällig in einem Lokal in Offenbach. Der Bruder arbeitet jetzt in einem Baumarkt. Er sagte zu mir: „Wenn ich damals gewollt hätte“, ich unterbrach ihn und sagte: „Du wirst niemals wollen, wir sind jetzt alleine, du bist und bleibst ein kleines Arschloch. “

9. Jean U.S.A.

Damals gab es in ganz Deutschland auf Messen, in den Fußgängerzonen sowie Einkaufscenter und Baumärkten super Aktionsplätze. Um an besondere Plätze zu kommen, fragte man alte Kollegen, die etwas länger unterwegs waren. Wie immer wenn ich einige Tausender Überschuss hatte machte ich Urlaub und das mehrere Male im Jahr, so auch in Florida und auf den Bahamas. In Miami angekommen wurde ich bei der Kontrolle am Flughafen gefragt wo ich übernachte. Ich antwortete in Fort Lauderdale. Wieviel Geld ich dabei hätte, sechs tausend Mark sagte ich, wie lange ich

bleiben will, das weiß ich noch nicht sagte ich, ein Woche, zwei oder drei, wenn das Geld alle ist fliege ich zurück nach Deutschland und mache neues Geld. Der Zöllner lachte und sagte Du bist verrückt, herzlich willkommen in Amerika.
Nach dem ich mir alles angeschaut habe lernte ich gute Leute kennen, auch Jean aus North Carolina. Damals typisch, schwarz gelockte Haare, knallrote Lippen, Schmetterlingsbrille, aber eine schlanke Figur, was mich sofort ansprach. Wir machte eine Kreuzfahrt zu den Bahamas, sie zahlte. Ich war begeistert, doch kaufen konnte mich niemand. Eines Tages wurde mir alles zu viel ich wollte wieder nach Good old Germany
Jean sagte, ich wollte schon immer mal Europa kennenlernen. Wir können uns ja wiedersehen. Ich war einverstanden. Einige Wochen später, ich arbeitete in der Fußgängerzone, ging das Telefon. Sie ist in Frankfurt. Wir hatten jeden Tag Sex. Sie brauchte es, mir wurde es langsam zuviel. Ich blieb in Frankfurt, sie schaute sich England an. Immer wenn sie zurück kam brachte sie mir Geschenke mit. Sie konnte nicht verstehen dass ich trotz ihres Geldes nicht mit kam.
In der Nähe meines Verkaufsstandes war ein Imbiss. Ralf der Besitzer sagte nur, wie kann man nur so blöd sein, würde mir so was passieren würde ich meinen Imbiss verschenken und mit ihr in die Staaten gehen. Als Jean aus Paris zurückkehrte versprach ich ihr, gemeinsam mit dem Auto nach Spanien zu fahren. Sie steckte mir immer wieder Geld zu. Ich kam mir, nicht nur bei Jean, manchmal vor wie eine männliche Hure.

Ich verdiente damals mit den Straßengeschäften selbst viel Geld. Ich habe einen gewissen Stolz, bin meinen Weg gegangen. Jean konnte das nicht verstehen. Wie versprochen fuhren wir gemeinsam nach Spanien, egal

wo wir auf der Fahrt stop machten, stiegen wir nur in Nobelherbergen ab. Mir war es recht, sie zahlte alles und steckte mir immer wieder Geld zu. Ok, ich genoss es in vollen Zügen. Immer das gleiche, Alkohol, Sex, Leben. Wir fuhren von Barcelona die Küste entlang, Richtung Süden. In Calpe angekommen buchten wir ein Hotel. Da ja Geld keine Rolle spielte, lud sie aus Texas ihre Freunde ein, John und Debby. Nach einigen Wochen wollte ich nach Hause. Es wurde mir zuviel nur Essen, Trinken, Sonne, Palmen und Sex. Ich sehnte mich nach einem normalen Leben auf dem Markt quer durch Deutschland um neue Abenteuer zu erleben. John und Debby flogen wieder in die Staaten, ich fuhr mit Jean durch die Schweiz. Sie wollte unbedingt, dass ich mit ihr in die Staaten gehe. Sie bot alles, Geld, Sex, schönes Leben. Ich sagte ihr, wir bleiben in Verbindung, ich liebe meinen Beruf und meine Freiheit, ich brauche dein Geld nicht. Zum Abschied schenkte sie mir noch einen Brillantring.
Neue Abenteuer kamen auf mich zu, ich wollte mich nicht von jemanden abhängig machen, ich brauchte meine Freiheit.

10. Begierde in Berchtesgaden

In Berchtesgaden war ich in einem Hotel, am nächsten Tag war in Berchtesgaden ein Jahrmarkt. Ich kam gerade vom Essen und wollte in mein Zimmer zurück, als ich an der kleinen Hotelbar vorbei ging. Dort saß Sie, unsere Blicke kreuzten sich, ich dachte, wer ist das, sie sah so liebevoll aus mit ihren fordernden Augen, was mir besonders auffiel, war ihre markante Stirn, die Haare die ihre Stirn nicht bedeckten und ihre schönen vollen Lippen. Sie lächelte mich an, ich musste sie näher kennen lernen, ging auf sie zu sagte nur: „Hallo ich bin Stefan“ - "Rita" erwiderte sie. Es war keine normale Situation, wir schauten uns nur in die Augen, ich wollte nur ihre Nähe spüren, dachte sie genauso? Ich schob ihr eine Visitenkarte mir meiner Telefonnummer rüber. Ich war so gefangen von ihrem Blick, mir fehlten die Worte, sagte Tschüss und ging in Richtung Flur, dachte hoffentlich ruft sie an.

In meinem Zimmer angekommen waren meine Gedanken immer noch bei ihr. Sie hatte etwas, dass ich nicht beschreiben konnte. Plötzlich riss mich das Telefon aus meinen Gedanken. Sie war dran. Ich muss dich sehen, flüsterte sie, ich dich auch, Zimmernr. 17. Kurze Zeit später klopfte es an der Tür, mein Blutdruck stieg in schwindelnde Höhe. Ich öffnete die Tür, wir standen uns wie versteinert gegenüber und sahen uns wiederum in die Augen. Ich ging auf sie zu, umarmte sie ganz fest, wollte sie nicht mehr loslassen. Zärtlich küsste ich ihren Hals, ihre Wangen, ihre Stirn. Sie erwiderte es auf gleiche weise. Ich war im Rausch, unsere Lippen berührten sich, ich spürte ihre Zungenspitze, ich umkreiste sie mit meiner Zunge bis es zu einem intensiven Kuss kam, der nicht enden wollte. Ich wollte mehr, spürte, dass auch sie mehr wollte, sich mit allen Sinnen fallen lassen und nur diese Stunden geniessen. Ich war so erregt mit dem einen Gedanken, ganz tief in ihren Körper einzudringen. Ich war wie von Sinnen, wir zogen uns hastig gegenseitig aus, konnten es kaum erwarten ganz eng verbunden zu sein. Nackt stand sie vor mir, meine Lust steigerte sich noch mehr. Ich zog sie auf das Bett, streichelte mit meinen Händen ihren gesamten Körper, ganz langsam, sie sollte viel Zeit haben. Ihre Begierde steigerte sich, sie atmete schnell, stöhnte und flüsterte mir ins Ohr: „Gib es mir, ich brauche es“. Nun brauchte ich nicht länger zurückhalten. Es war ein berauschendes Gefühl. Sie schüttelte ihren Kopf hin und her und stöhnte dabei laut. Wir hatten beide unseren Höhepunkt und schliefen glücklich und zufrieden ein.

Am Morgen nach dem Frühstück nahmen wir Abschied, denn ich musste auf den nächsten Markt. Meine Gedanken sowie diese Nacht waren nur bei ihr. Sobald ich kann, sagte ich ihr, bin ich wieder bei dir. Sie schaute mich nur an und verlor kein Wort. Auf dem Weg zum Markt ging sie mir nicht aus dem Kopf. Was für eine Frau! Sie hat sich völlig fallen lassen. Es war Liebe, Sex oder Begierde. Wir sahen uns wieder. Sie wartete in Salzburg in in einer Wohnung in einem Reihenhaus, das ihrer Mutter gehörte, sie hatte mehrere davon. Sie half ihrer Mutter bei deren Geschäften. In der Nähe von Salzburg befand sich ein Reiterhof, dort hatte sie ein Pferd, denn sie liebte Pferde.

Eine Woche verbrachte ich in Salzburg, schöne Zeit, dort kamen wir uns ganz nah. Sie war keine Schönheit wie man so sagt, aber sie hatte etwas, das Männer schwach werden lässt. Ich musste zurück nach Chemnitz, zu meinem Stand mit Gemüsehobel.

11. Ferry, mein Freund der Boxer

Zu dieser Zeit wurde die DM im Osten eingeführt. In Chemitz angekommen, wohnte ich im Hotel Chemnitzer Hof, das Beste am Platz. Als ich meinen Stand aufbaute, begegnete mir Ferry, er war ein bekannter Boxer aus Ungarn. Er wohnte in einer dieser Plattenbauten in Chemitz. Wir verstanden uns ganz gut, so bot ich ihm an, dass er bei mir arbeiten könne, was er auch tat. Ich brauchte keine Angst vor etwas zu haben, mit einem Boxer an meiner Seite, was sich bewährte. Ferry war täglich bei mir am Stand und arbeitete.
Des Abends vergnügten wir uns in der hoteleigenen Disko. Voraussagend muss ich erklären, dass sich zur Zeit der Goldgräberstimmung in Mitteldeutschland, nicht nur seriöse Geschäftsleute aufhielten, sonder auch allerlei Gesindel aus Westeuropa und Osteuropa.
Bei einem Gang auf die Toilette, ich wollte gerade den Toilettenraum verlassen, ging die Tür auf und drei Männer, einer davon mit einem Messer bewaffnet, stellten sich mir in den Weg und verlangten Geld von mir. Ich hatte in der Tat in der Hemdtasche ein paar Scheine einstecken, dass diese wohl beobachtet hatten. Mein Gott, was jetzt. Bevor ich das zu Ende denken konnte, flog hinter den Männern die Tür auf, ich sah Ferry, es tat ein paar Schläge, das dauerte nicht mal eine Minute, die Verbrecher lagen bewusstlos auf dem Boden. Ferry hatte von der Bar aus die Situation beobachtet, wusste sofort was die drei wollten. Lass uns hier sofort abhauen, sagte ich zu Ferry, wir wissen ja

nicht ob du einen von den Dreien, sagen wir mal, zu intensiv erwischt hast.

Man darf nicht vergessen, im Juli wurde die DM eingeführt, im Oktober war die Wiedervereinigung. Die Volkspolizei konnte das DDR-Gesetz nicht mehr anwenden, das BRD-Gesetz aber noch nicht. Sie zeigten zwar Präsenz, verscheuchten Gauner, die jedoch, kaum waren die Vopos weg, wieder auftauchten. Es war eine Zeit der relativen Gesetzlosigkeit. Aber die Leute kauften, aus Mangel an Erfahrung, wirklich jeden Schrott. Die Gauner verscherbelten alles, die letzten West-Schrottautos für teuer Geld, verbotene Pornohefte, Teppiche, es wurden sinnlose Verträge abgeschlossen, Drücker waren unterwegs und natürlich die unvermeidlichen Hütchenspieler. Es war teilweise gemein die Leute so zu betrügen.

Das Hotel wurde mir auf die Dauer zu teuer und daher suchte ich eine Wohnung. Dabei hatte ich eine Wohnungsbesichtigung, eigentlich gefiel sie mir, jedoch der Aufzug, der ratterte und wackelte. Auf meine Frage an den Hausmeister, ob der Aufzug sicher sei, meinte er, ach es sei nur ein mal etwas passiert, es war ein Seil gebrochen, aber es ging glimpflich mit einem Schenkelbruch aus. Aber wenn es Probleme gibt, drücken sie den Havarie. Bei dieser Aussage und der Aussicht mit diesem Gefährt in den 7. Stock zu fahren, blieb ich denn noch einige Tage in dieser Wohnung, lief die Stockwerke immer zu Fuß, suchte nebenbei eine neue Bleibe.

12. Condor mein Zuchthengst

Ich bezog ein Apartment in Chemnitz, Annabergstraße, lebte dort und arbeitete am Klostermarkt Chemnitz, die Geschäfte liefen gut. Einige male in der Woche war ich im Keller des Hauses. Dort hatte ein Hausbewohner im Keller kurzerhand einen kleinen Getränkehandel aus seinem Keller gemacht. Einige Hausbewohner trafen sich dort Abend für Abend, wir saßen zusammen, tranken und führten Gespräche. Sie konnten mir viel über den Osten erzählen. Es waren sehr interessante Geschichten, ich wiederum konnte vieles über den Westen erzählen. Es war für mich eine tolle Erfahrung ganz einfache Menschen kennen gelernt zu haben , mit sehr viel Herz.
Ich erinnerte mich an meine Kindheit, wir hatten damals auch nicht viel und hielten trotz allem zusammen, jeder hat jedem geholfen, die meisten hatten ja nichts. Als am 3. Oktober die Wiedervereinigung gefeiert wurde, sagte ich, ich finanzierte das Ganze. Ich bin durch halb Chemnitz gefahren um Spezialitäten zu bekommen, die ich aus dem Westen kannte. Alles hatte ich nicht bekommen, es war trotz allem ein schöner Abend, ich hörte hier und da, so etwas gutes habe ich noch nie gegessen oder getrunken, was für uns Wessis selbstverständlich war. Für mich bewegend und schön mit ihnen feiern zu können, im Keller. Die Hausbewohner stellten ein großes Bild von Honecker auf die Wiese vor dem Keller und schossen während der Feier mit Feuerwerkskörper auf das Bild von

Honecker bis es abbrannte, bis heute noch eine schöne Erinnerung.

Eines Tages besuchte mich Rita, sie blieb eine Woche. Wir fuhren nach Moritzburg bei Dresden, dort findet jedes Jahr eine Hengstparade statt, die wir besuchten. Es war eine der schönsten, die ich je gesehen habe. Wir besuchten die Stallungen, schauten begeistert die Kosakenaufführung, die Erde bebte, die Pferde wurden mit Peitschen angetrieben, dann die 12-spännigen Kutschen, die Geschichte der Postfamilie Thurn und Taxis nacherzählend, sagenhaft.

Von dort fuhren wir nach Rabenstein. In der Nähe befand sich ein Reiterhof, den wir besuchten. Da ich mit Pferden nie etwas zu tun hatte, war ich trotzdem begeistert. Auf der Koppel sah ich die Eleganz der Tiere. Dort sah ich das Fohlen eines schönes Hengstes. Ich war so beeindruckt, der Kleine rannte hinter dem Hengst und vollführte die gleichen Bewegungen wie sein Vater. Der Kleine stoppte vor mir, schaute mir in die Augen. Ich sagte nur noch: „Den will ich haben“.

Wir gingen zum Besitzer und handelten den Kaufvertrag aus, auf meinen Namen. Ich bekam das Tier für kleines Geld. Es war mindestens das dreifache wert. Da es vor der Wiedervereinigung ein staatliches Unternehmen war, hatten die Leute keine Vergleichsmöglichkeit. Ich machte einen Kaufvertrag, übergab das ausgemachte Geld, bar.
Dann kam der Transport des Tieres von Chemnitz nach Salzburg. Die Salzburger fuhren nach Chemnitz, luden das Tier ein und ab ging's nach Salzburg. Rita fuhr mit dem Auto hinterher. Sie erledigte die Zollformalitäten. Da ich in Salzburg nicht gemeldet war, der Zoll folglich

mit meinem Namen nichts anfangen konnte, wurde auf den Papieren mein Name durchgestrichen und durch ihren ersetzt. Davon aber hatte ich keine Ahnung.

Durch meinen Aufenthalt im Reiterhof lernte ich auch einflussreiche Leute kennen. Einer davon gab mir den Tipp ein Nummernkonto zu eröffnen. Ich eröffnete ein Nummernkonto in Salzburg.
Rita kam einmal die Woche nach Chemnitz und holte einige Tausender, die ich ihr gab und zahlte sie auf mein Nummernkonto ein. Ich pendelte zwischen Salzburg, Chemnitz und Dresden.
Die Wohnung in Salzburg in ihrer Mutters Reihenhaus hat mir nicht gefallen, sie war zu klein. So zogen wir nach Freilassing, Freilassing deshalb, ich kannte es, da ich jedes Jahr dort auf dem Kirchweihmarkt war. Wir fanden eine Wohnung in einer Villa mit 3 Parteien. Wir bezogen die mittlere Wohnung. Sie war herrlich, über 100 qm, drei Balkone, komplett neu renoviert. Das Pferd war in Salzburg, Rita arbeitete in einem Supermarkt an der Kasse in Salzburg. So pendelte sie hin und her. Ich graste den Osten ab, verkaufte meinen Gemüsehobel super erfolgreich.

Ich hatte ein komischen Gefühl, da Rita, wenn ich nachhause kam, sich verändert hatte. Eines Tages kam ich bewusst früher nach Hause als angekündigt. Meine Ahnungen wurden bestätigt, ich fand Rita mit dem Mieter der unteren Wohnung in unserem Bett. Der Schreck war für alle Beteiligten gewaltig. Ich reagierte cool, tobte nicht, wie man vielleicht vermuten würde. Wir saßen zusammen und redeten. Er verließ die Wohnung und wir redeten weiter. Im Zuge dieser Beichte erzählte sie mir, dass sie auch ein Verhältnis mit der Mieterin oberhalb unserer Wohnung hat. Es

handete sich um eine Frau mit zwei Kindern, sie sei lesbisch geworden.
Ich war aber so abhängig von ihr, dass ich das alles tolerieren wollte, sie brauchte mich und ich brauchte sie. Es war das erste mal, dass ich von einer Frau sexuell abhängig war. Auf die Dauer habe ich das nicht ausgehalten, es war mir zu viel. Ich habe mich von ihr getrennt, im Guten. Es war sehr schmerzhaft.

Das Nummernkonto habe ich aufgelöst. Ich fuhr zurück in das Hotel nach Berchtesgaden wo wir uns kennen lernten. Mit meinem Hab und Gut von zwei, drei Bananenkartons, aber mit Geld in der Tasche.
Ich war in dem Hotel, als ein ein Bekannter, der von meinen Finanzen wusste, zu mir kam. Er hatte mit Pferden zu tun und wusste, was es wert war. Lass die Finger davon, riet ich ihm, sie soll das Pferd behalten. Stefan, sagte er, gib mir die Vollmacht, ich verhandle mit ihr.

Es kam zu einer Gerichtsverhandlung in der ich als Zuge geladen war.
Sie wollte das Pferd behalten, fuhr mit dem Verhältnis vom unteren Stockwerk nach Chemnitz und „überredete" den damaligen Verkäufer zu der Aussage, dass er das Pferd mir ohnehin nicht verkauft hätte, er hätte es nur ihr zuliebe verkauft. Wer ihm das Geld übergeben hat wusste er nicht mehr. Sie hatte gleichzeitig die Unterstützung ihrer Mutter, so dass der Richter zum Schluß kommen mußte, dass das Geld kam von ihrer Mutter kommen musste, da sie ja nur ein Minigehalt als Kassiererin hatte. Den Kaufvertrag hatte sie, mit dem beim Zoll durchgestrichenen Namen von mir, durch ihren ersetzt.

Sie konnte das Pferd behalten, mein Bekannter verlor den Prozess.

Wie heisst es so schön:
Bei Gericht und auf hoher See ist man in Gottes Hand.

Trotz allem ein bis zweimal die Woche kam sie zu mir ins Hotel und wir lebten nach wie vor unsere sexuelle Begierde aus. Mir war alles egal, Pferd weg, Wohnung weg, aber ich hatte noch sie, sie gab mir Freude.

Das Geld hatte ich noch und machte Urlaub in Spanien, Ungarn, Österreich und Italien.
In Italien, Bibione an der Strandbar, lernte ich Ruth kennen. Sie hatte in Bibione mit ihrer Freundin ein Hotel und in Bozen hatte ein Busunternehmen. Wir kamen uns näher.
In Bibione verbrachten wir eine schöne Zeit. Sie wollte mehr von mir, so fuhr ich mit ihr nach Bozen. Dort verbrachte ich einige Wochen mit ihr, meine Gedanken waren immer noch bei Rita, wir telefonierten zusammen. Trotz dieser schönen Zeit mit Ruth wollte ich nach Deutschland zurück, zu Rita. So fuhr ich zurück nach Berchtesgaden.
Langsam ging mein Geld zur Neige. Ich musste wieder etwas arbeiten.

13. Schöne Erlebnisse im Osten

Ich packte wieder mal mein Hab und Gut, bestehend aus persönlichen Gegenständen, in zwei Kartons und einen Koffer. Ab ging es wieder in den Osten, dort von Nord bis Süd, war ich mehrere Monate auf den Wochenmärkten, Veranstaltungen, Straßenfesten. Viel Arbeit gab es, lernte auch die eine oder andere Frau kennen und blieb dann solange es mir gefallen hat.

In der Nähe von Cottbus war ich auf einer kleinen Messe, der Ort wurde „Schwarze Pumpe" genannt. Man muss sich vorstellen, ich reiste durch die neuen Bundesländer, hatte die schönsten Eindrücke und auch die schlechtesten. Ich habe mir alles angeschaut in Kombination Arbeit und Urlaub.
Ich fuhr Straßen entlang, dachte, was hat denn der Mensch aus seiner Natur gemacht, die Bäume hatten keine Blätter, wie Stöcke ragten sie in die Luft, und das kilometerweit, der ganze Berg war völlig ruiniert, Bäche, auf denen schwarzer Schaum schwamm, alles verdreckt, das Gewässer war tot. Was machen die hier mit ihrem Land dachte ich immer wieder fassungslos. Straßen, so konnte man diese nicht nennen, denn sie bestanden nur aus Schlaglöchern. Nur im Schritttempo konnte man durch viele Ortschaften fahren. Wären die Menschen im Osten nicht so freundlich gewesen, hätte ich den Osten verlassen. Es war sehr tragisch ein zerstörtes Land hautnah zu sehen. Ebenso fassungslos machte es mich, dass üble Geschäftemacher aus Westeuropa die Leute belogen und betrogen. Die Menschen in Mitteldeutschland waren sehr offen, hilfsbereit, freundlich, hatten aufgrund ihrer 40jährigen Abgeschiedenheit keine Erfahrungen mit westlichen

Gaunern. Ich, für mich habe die Waren verkauft, die ich im Westen auch verkaufte, Gemüsehobel.

Zurück zur „Schwarzen Pumpe“, ein altes Industriegebiet in dem Braunkohle gefördert wurde. Ich verstand nach dem ersten Tag auch, warum dieser Name, mein Auto war völlig mit dunklem Staub bedeckt.
Ich fühlte mich im Osten sehr wohl. Nirgends habe ich so angenehme Menschen kennen gelernt, als im Osten. Das eine oder andere Abenteuer konnte ich genießen.
Die Mecklenburgische Seenplatte übrigens ist einmalig schön. Wunderschöner Landschaften: Waren, Müritz, Thüringer Wald, Lausitz, Zittauer Gebirge usw. Ich hatte sehr schöne Erinnerungen vom ehemaligen Osten. Besonders schön empfand ich die Insel Usedom.

Ich fuhr über Oberhof, Suhl nach Meiningen.
Als ich Abends in Meinigen ankam schaute ich mir den Ort erst mal an, da ich einen Markt besuchen wollte. Über der Drogerie der Schriftzug Drogen, alles klein und familiär. Die Datschen waren mit allem bestückt was man brauchte.
Die Stadt Meinigen hatte es mir angetan, ich war verliebt in Meiningen. Hier möchte ich wohnen, mietete mir eine Datscha und schaute mich nach einer kleinen Wohnung um.
Ich hatte meine kleine Heimat gefunden, von dort aus startete ich meine Verkaufsreisen und kehrte immer nach Meinigen zurück.
Auf dem Weihnachtsmarkt mietete ich eine kleine Bude und verkaufte dort Geschenkartikel. Der Markt war zu 80% belegt von Westhändlern.

Wir Marktleute hatten Helfer aus der Region, ich hatte auch eine Helferin. Die Geschäfte liefen schlecht, meine Hilfe hatte Angst, dass ich sie entlasse, denn die anderen großenkotzigen Händler entließen ihre Helfer und standen nun selbst hinter Ihren Ständen. Abends trafen sich die Händler im Kaffee und klagten über den schlechten Verdienst.
Ich hatte aber jedoch noch viel Geld einstecken und bezahlte meine Helferin. Angesprochen von ihr warum ich sie nicht entlasse, sagte ich zu ihr: „Pass auf Mädel, ich habe immer noch viel mehr als Du, ich entlasse Dich nicht, auch wenn ich drauf lege“. Da sie wenig Geld hatte um ihre Wohnung zu beheizen, kaufte ich einige Zentner Kohlen, damit die nicht an Weihnachten frieren muss. Ihr Mann kam mit den Kindern vorbei, bedankte sich und wir tranken ein Bier zusammen. Ich habe es einfach nicht übers Herz gebracht diese Frau zu entlassen, so angewiesen war sie auf dieses Geld.
Ich holte eine Flaschen Champagner, stellte sie heftig auf den Tisch und sagte: „So jetzt trinken wir mal auf die Geschäfte, das kann man nur noch im Suff ertragen.“

Das einzige das auf dem Markt ging war der Stand mit den Thüringer Bratwürsten und dem Glühwein. Ich war kurz weg, beim Zurückkommen hatte eine Frau einfach einen Campingtisch neben meinem Stand aufgebaut und dort Pfannen ausgebreitet. Sie hatte mich nicht gefragt, ich dachte ach was soll`'s, wir wollen alle Geld verdienen. Später erfuhr ich, dass sie eine erfolgreiche Geschäftsfrau im Pfannenvertrieb wurde.

Neben dem Markt war einen kleines Kaffee mit Disko. Dort verkehrte ich regelmäßig. Eines Tages tauchte dort Michaela mit ihrer Freundin auf. Michaela fiel mir sofort auf, dunkle Haare, immer lachend und gut drauf. Wir verstanden uns geistig und körperlich. Michaela arbeitete im Krankenhaus, sie hatte zwei Kinder. Ihre Wohnung wurde beheizt mit einem kleinen Kohlenofen, der es nicht schaffte die ganze Wohnung einigermaßen zu beheizen. Es war überall kalt, wir legten die Füße hoch, denn auf dem Boden kroch die Kälte. Wenn ich morgens auf die Toilette ging, die sich im Treppenhaus befand, musste ich die Hose vor dem Anziehen mit ins Bett nehmen um sie anzuwärmen, so kalt war die Wohnung.

Sex mit Michaela war aufregend. Sie machte etwas von dem ich heute noch nicht weiß ob sie manipuliert hat. Wir lagen im Bett, ich war gerade in sie eingedrungen, als ich nach zwei, drei Stößen in ihr das Gefühl hatte, dass Ich sofort komme. Ich bewegte mich nicht mehr, dann nur noch ganz langsam, es ging nicht anders, so etwas hatte ich noch nie erlebt. Wir lagen zusammen und ich wollte einfach nur noch genießen. Ohne großes Bewegungszutun schoss ich ab. So war es nicht immer, nur ab und zu mal, ich weiß nicht was sie da mit mir gemacht hat. Gefragt habe ich nie.
Da sie an Drogen kam, hatte ich gedacht, sie hat sich wohl was reingemacht.
Michaela arbeite Schicht im Krankenhaus, mit den Kindern allein zu Haus war auch nicht so gut, sie waren sehr nett und sehr selbständig. Also fuhr ich zu Michaela ins Krankenhaus und vernaschte sie in einem Stationszimmer, in der Nachtschicht war sie ja allein. Auf die Dauer war das umständlich, ich kam von einem Markt heim für ein paar Tage, sie hatte in der Zeit Nachtschicht.

Michaela Freundin, die schöne Blonde war höllisch scharf auf mich, habe ich natürlich auch vernascht; Michaela hat nie etwas davon erfahren. Im Meininger Theater war ein Gastauftritt einer Tanzgruppe. Eine der Tänzerinnen traf ich dann in der Disko. Wir tanzten zusammen, amüsierten uns und landeten in meiner Wohnung. Es war eine temperamentvolle Nacht.

Meine Cousine aus Frankfurt kündigte ihren Besuch an, mit der Bemerkung, dass sie eine Überraschung für mich habe. Ihre Überraschung war Anne. Anne ein Mädel aus Frankfurt, das in einem Lokal als Bedienung arbeitete in dem ich öfters verkehrte. Anne war schon immer heiß auf mich, ich nicht auf sie, sie war einfach nicht mein Typ. Cousine und Anne mieteten sich in einer kleinen Pension ein. Abends gingen wir gemeinsam in die Disko, Cousine, Anne, Michaela und ich. Es war alles feuchtfröhlich, wir tranken und lachten. Bis sich ein fremdes Mädel an unseren Tisch neben mich setzte, sich vorstellte und mich aufs heftigste anmachte. Blonde Haare, schlanke Figur, hat mir sehr gefallen. Dass sie eine Hure aus Bad Brückenau war, wusste ich zu diesem Zeitpunkt nicht. Die Anmache von ihr sagte mir zu, denn Michaela kannte ich ja, von Anne wollte ich nichts. Sie berührte unter dem Tisch meine Oberschenkel und machte mich heiß. Sie flüsterte mir ins Ohr „Mach einen Quicky mit mir“, ja gerne aber wo, „in der Toilette!“ flüsterte sie. Wir gingen, damit nichts auffiel getrennt auf die Toilette, erst sie dann ich. Kurz und heftig trieben wir es auf der Damentoilette, es konnte ja zu jeder Zeit jemand kommen. Meine Cousine hat das mitbekommen und schüttelte nur fassungslos den Kopf. Ich wollte von dem Mädel aber mehr als nur einen Quickie. Mein Begehr blieb Michaela nicht verborgen, sie hat sich wütend und eifersüchtig verabschiedet. Cousine, Anne, das Mädel und ich gingen noch in die Pension in der sie sich eingemietet hatten, um einen Absacker zu nehmen. Anne war ob ihrer Erfolglosigkeit bei mir den Tränen nah und zog sich mit meiner Cousine zurück. Sie erzählte mir dann, dass Anne die halbe Nacht geweint hat vor Enttäuschung, dass ihre Vorstellung nicht erfüllt wurde. Ich jedenfalls landete mit der Hure in meiner Wohnung, dort hatten wir heftigen Sex, die hat es gebraucht, zahlen musste ich nichts. Ob das alles fair war bezweifle ich auch, aber ich habe schon immer gemacht was ich wollte. Ich hielt über längere Zeit noch Kontakt zu ihr.

14. Mein Wohnwagen und Ich

Ich musste in die Lausitz für 4 Wochen. Unterkunft ist ja immer teuer und Michaela hatte einen Bekannten der Wohnwagen vertrieb. Zu ihm ging ich mit der Frage ob man die Wohnwagen auch mieten konnte. Aber ja sagte er für 1000 DM im Monat. Mit Michaela fuhr ich noch für eine Woche an den Chiemsee auf Urlaub, bevor ich in die Lausitz fuhr. So bekam ich plötzlich Sympathie für Wohnwagen bzw. Wohnen im Wohnwagen. Nach dem harmonischen Urlaub fuhr ich Richtung Lausitz, machte dort die Märkte, wie Groß Schönau, Neu Gersdorf usw., die ganze Lausitztour. Dies zog sich über fünf bis sechs Wochen hin. Da gabs richtig Geld.

In der Lausitz entdeckte ich am See einen Campingplatz. Es war alles so schön natürlich, nicht so überzüchtet wie bei uns. Meinen West-Wohnwagen haben alle Camper bestaunt des Luxus wegen. Eines Abends bei der Rückkehr sah ich, dass sich sechs bis

sieben Leute um meinen Wohnwagen versammelt hatten. Sie fragten mich ob sie ihn mal begutachten können. Klar, sagte ich, sie kamen alle, und da war Gerda dabei, mit Bruder, Schwester und dem Rest der Familie. Ich sah nur Gerda. War haben alle feucht fröhlich gefeiert. Am nächsten Tag kam Gerda zu mir in den Wohnwagen und wir plauderten zusammen.
Was mich verwunderte war, dass sie fragte, ob ich was zu Waschen hätte. Ja, antwortete ich. Sie nahm die Wäsche mit, brachte alles frisch gewaschen zurück. Ich wunderte mich, dass eine Frau, die mich kaum kannte meine Wäsche waschen wollte. Es entstand eine Freundschaft mit ihr, während dessen wir uns auch näher kamen. Es war sehr normal.
Gerda arbeitete als Kaufmännische Angestellte im Rathaus Görlitz und machte Umschulungen, Fortbildungsmaßnahmen in westliche Arbeitsbereiche. Sie hatte eine Planstelle im Rathaus.
Auf einem Fest in Diettersbach das drei Tage lang dauerte verkaufte ich erfolgreich Gemüsehobel.
Gerda besuchte mich dort. Ich kam gerade von meinen Hobelverkauf zurück und hatte eine ganze Plastiktüte voller Geld und schüttete das Geld einfach auf den Tisch. Der Gesichtsausdruck von Gerda interessierte mich, ob ihre Augen leuchteten vor Freude oder Gier. Nein, nichts dergleichen. Völlig teilnahmslos ordnete Gerda das Geld, ohne irgend eine Regung. Sie entpuppte sich als gutmütiger, liebenswerter Mensch, der nicht wegen Geld einem Mann etwas vorgaukelte. Das faszinierte mich, die meisten wollten doch mein Geld. Sie gab mehr als sie nahm.

Ich musste wieder nach Meiningen, wo ich ja noch die Wohnung hatte und nun auch den Wohnwagen. Den stellte ich in der Nähe des Campingplatzes ab und traf

mich mit Gerda. Von Michaela habe ich ihr allerdings nichts erzählt und umgekehrt auch nicht.
In Meiningen war ich wieder bei Michaela, hielt aber Verbindung mit Gerda. Dummerweise erzählte ich Gerda, dass ich wieder in Meiningen sei, dort sei ein Fest und ich verkaufe wieder meine Hobel.

Morgens kam ich zu meinem Stand, der Standnachbar sagte: „Stefan Du hast Besuch, die Dame ist gerade beim Kaffeetrinken, Koffer steht bei mir am Stand". Ich hatte keine Ahnung wer das sein soll, noch dazu mit dem Koffer. Ja, da stand Gerda und sagte, dass sie mit mir über die Märkte ziehen wolle.
Ich musste mich entscheiden, zwischen Michaela, immer Nachtschicht und die Kinder. Und hier Gerda, die bei mir bleiben will, ich war ja sonst immer allein gereist. Meine Entscheidung fiel für Gerda. Die Kinder von Gerda waren schon gross und lebten im Haus von Gerdas Eltern.
Von Meiningen ging meine Reise durch Ost und West. Gerda zog mit, machte die Märkte quer durch die Republik, überall wo es Geld gab. Ihr gefiel das Zigeunerleben. Mit Gerda und Wohnwagen landete ich dann in Bautzen, Talsperre Naherholungsgebiet. Hier stationierten wir den Wohnwagen, wir konnten zwischen Gerda's Eltern, dem Feiern und gutem Leben pendeln. Bautzen war unser Ausgangspunkt. Jeden Winter, wenn die Saison vorbei war, war Schlüchtern immer mein letzter Markt. Gerda machte unsere Steuern und sonstige Administration. Nach dem letzten Herbstmarkt packten wir im November unsere Sachen und verbrachten den Winter in Andalusien.
Mit unserem Wohnwagen fuhren wir von Bautzen quer durch Deutschland, über Mühlhausen, die Vogesen Richtung Lyon, Südfrankreich, Barcelona, Valencia,

Alicante, Murcia Almeria, Richtung Malaga. Überall wo es uns gefiel verweilten wir einige Zeit. Wir lernten jede Menge Menschen kennen, viele Rentner die mit ihren Wohnmobilen auch unterwegs waren. Wir hatten ja Zeit bis nach Andalusien, denn wir verbrachten die Zeit dort bis Mitte/Ende März, manchmal bis zu einem halben Jahr, bis die Kohle ausging. Wir fuhren einfach gemütlich durch Deutschland, Frankreich und Spanien. So lernten wir viele Campingplätze in den Ländern kennen, bis wir unser Ziel erreicht hatten. In der Nähe von Torra del Mare bei Malaga fanden wir einen Campingplatz, wo eine wenig befahrene Straße direkt ans Meer führte. Meine Gerda konnte perfekt spanisch, da sie im sozialistischen Bruderstaat Kuba im Auftrag der ehemaligen DDR Entwicklungshilfe leistete.
Der spanische Campingplatz war herrlich, wenig Deutsche oder Franzosen oder Engländer, mir gefiel es unter Spaniern.
Da lernten wir Antonio kennen.

15. Transenalarm

Christopher Street Day in Frankfurt. Der Wochenmarkt, sonst an der Konstabler Wache, wurde verlegt an die Hauptwache, denn an der Konstabler hatten die Schwulen und Transen ihre Showbühne, Fress- und Saufstände. Dort schaute ich mir den Schwulenumzug an. Schöne Männer in schrillen, bunten Kleidern, wenn man schwul wäre könnte der Eine oder Andere einem gefährlich werden.
Nicht nur die Schwulen, Transen, Lesben fühlten sich wohl, auch die „normalen" Bürger, es war eine tolle Atmosphäre, der Besucherandrang war gewaltig.

Nach dem Spektakel des CS-Days ging ich in die Buzzestub ein Bier trinken. Dort saßen drei Tische weiter von mir zwei schöne Frauen. Da es der CS-Day war, dachte ich mir, dass es Transen waren. Eine der Damen, Roswita, schaute ständig zu mir herüber, sie war ganz heiß auf mich. Gäste machten Erinnerungsfotos, wir mit unseren Handys auch, es war ein lustiges Zusammensein. Als die Damen Roswita und Charlene gingen, flüsterte mir Roswita ins Ohr wo sie arbeitet, dort könnte ich sie erreichen, es war eine kleine Bar im Bahnhofsviertel Frankfurt.

Wochen später, als ich wieder mal im Bahnhofsviertel unterwegs war, besuchte ich Roswita und Charlene in ihrer Bar.

Wir saßen an den Tresen. Ein Herr, der drei Hocker weiter saß, starte nur zu uns, die langen Beine von Roswita und Charlene faszinierten in wohl. Er rutschte Stück für Stück näher. Als er neben Charlene saß legte er zaghaft die Hand auf ihren Oberschenkel. Als sie sich einig waren, machte Roswita den Vorschlag, dass wir alle zu mir fahren. Das habe ich sofort abgeblockt. Roswita flüsterte mir zu, dass sie mich wolle. Nein, nein sagte ich ihr, da drüben ist der Freier, der ist heiß auf euch. Macht euch mit dem Freier einen schönen Abend. Als wir die Bar verließen ging der Herr zum Bankomat, hob einige hundert Euro ab und stieg mit ins Taxi.

Da der Weg nahe meiner Wohnung vorbei führte, sagte ich, dass sie mich ein Stück mitnehmen und vor dem Haus absetzen sollen. Ich stieg aus, wünschte eine gute Nacht und ging zu einem Bekannten der in meiner Nähe wohnt. Ihm erzählte ich von der Begegnung und zeigte ihm ein paar Fotos. Mein Bekannter war ganz aufgeregt, outete sich, dass er auf Transen steht und wollte dass ich ihm diese bestelle. Ich war platt, jahrelang kenne ich ihn, dass er auf Transen steht, war mir entgangen. Er zeigte mir Transenpornos und Videos. Ich sagte ihm wo Roswita anschafft, und wenn du hingehst sage einen schönen Gruß von mir, sie soll dir einen Sonderpreis machen.

Ich war wie immer auf den Märkten in Deutschland und Österreich unterwegs, mit mal mehr mal weniger Umsatz. Man lernte viele interessante Leute kennen. Wenn ich von meinen Touren zurück kam ließ ich es mir gut gehen, mal einige Abenteuer im Milieu oder Kurzurlaube. Zwischendurch besuchte ich auch Roswita, Charlene, dort lernte dort ihre Freundin Kati kennen. Roswita schaffte in einer kleinen Bar im Bahnhofsviertel und am Straßenstrich an, Charlene im Puff. Kati hatte mehrere Stammfreier unter anderem einen Geschäftsmann, der eine Firma hatte und verheiratet war, Kinder hatte er auch. Aber es zog ihn immer zu Kati um seine Perversionen auszuleben. Roswita und Kati erzählten mir immer die seltsamsten Geschichten und Wünsche ihrer Kunden, ich schüttelte des öfteren meine Kopf, aber jedem das Seine. Eines Tages, bevor Roswita anschaffen ging, kam sie bei mir zuhause vorbei, brachte Wein und eine Freundin, mit die ebenfalls im Bahnhofsviertel anschaffte. Als beide bei mir waren sagte Roswita, ich habe dir eine Frau mitgebracht, meine Freundin, du stehst ja nur auf Frauen.
Hast du Öl, fragte Roswita, nur Salatöl oder Bodylotion, sagte ich. Ihre Freundin sagte Bodylotion geht auch, denn sie arbeitete in einem Massagesalon, erfüllte dort ihren Kunden gegen Geld deren Wünsche. Roswita schaute Fernsehen und ich ging mit dem Mädel ins Schlafzimmer zur Massage. Als sie gingen sagte ich zu

Roswita nur, die kannste ab und zu wieder mitbringen. Roswita zuliebe machte sie es mir umsonst. Wir tranken noch einen, anschließend gingen sie los ins Leben.

Roswita versuchte es immer wieder bei mir. Es hat lange gedauert bis sie oder er es aufgab. Wenn sie einmal die Woche vorbei kam, schaute sie immer ins Internet, Transen- und Schwulenseite, dort hatte sie ihr Profil, bekam Messages aus aller Welt. Die verschicken Bilder von ihren Hintern und Penissen und äußerten ihre Wünsche. Roswita war in ganz Deutschland unterwegs und auch im Ausland. Wenn sie zurück war rief sie mich an, brachte Essen mit, putzte meine Wohnung und gab mir Geld, sie ließ nicht von mir ab obwohl ich nichts von ihr wollte. Ich habe aber ihre Zwiespältigkeit akzeptiert, konnte mit der Person Mann und Frau gut umgehen. Wenn sie wieder einen Versuch startete, sagte ich nur, geh auf deine Seite ins Internet, dort kannst du dir genügend Männer aussuchen, oder geh zum Bahnhof. Ich hatte meine Märkte und machte meine Geschäfte.

Als ich wieder mal in Frankfurt war, besuchte ich die Kneipe einer Bekannten, in der völlig normale Leute verkehrten, erzählte ihr die Geschichten von Transen.

Daraufhin sagte sie zu mir, bring doch die Transen mal mit, damit etwas Schwung in den Laden kommt. Das tat ich auch. Die Otto Normalverbraucher tanzten mit den Transen und hatten keine Ahnung, dass es Männer waren. Roswita und Charlene knüpften dort Bekanntschaften.

16. Klaus, Halle – Leipzig Saalepark

Nach einer nicht allzu guten Saison, brach jetzt auch noch der Winter ein. Im Januar abgezähltes Geld, keinen guten Platz um nach vorne zu kommen. Weder Märkte - Fußgängerzone, Einkaufszentren – es gibt Kohle, aber wo, egal wo, wir kommen. Die guten Plätze in den Einkaufszentren waren belegt. Klaus rief mich an und teilte mit, dass er zwischen Halle und Bitterfeld eine Datsche gemietet hat. Da es nach der Wende Probleme mit Übernachtungen gab bewohnten wir eine Datsche. Also fuhr ich nach Halle, dort arbeiteten wir mit dem Gemüsehobel auf den Wochenmärkten, im Umkreis gab es Geld zum Überleben.

Es musste ein Center her, im Freien war es zu kalt und brachte nur schmales Geld ein. Bei Bitterfeld in der Nähe der Autobahn war ein kleines Center, dort mieteten wir einen Verkaufsplatz an. Klaus sagte, warte mal mit dem Standgeld, wenn es Geld gibt, bleiben wir hier. Ich ging einen Kaffee trinken, Klaus machte in der Zeit die Deko, so dass die Kunden sehen konnten was der Hobel alles kann. Kurze Zeit später nach einigen Vorführungen kam Klaus zu mir und sagte wir müssen hier weg, die gucken nur und kaufen nichts. Ich sagte, lass mich mal versuchen ob du recht hast.

Er hatte recht, trotz aller Bemühungen, die Demonstration des Hobels konnte noch so gut sein, aber die Leute griffen nicht in die Tasche. Was jetzt, wohin, wieder in die Kälte? Nein. Kurze Zeit später kam eine Dame und sagte, wann wollen sie denn das Standgeld bezahlen? Wenn sie nicht gleich bezahlen,

können sie einpacken und gehen. Klaus sagte ok, wir gehen. Zum Glück hatte ich die Wochenmiete noch in meiner Tasche, aber wohin jetzt. Es schneite und kalt war es auch. Wir fuhren Richtung Leipzig. Bei Leipzig sahen wir von der Autobahn aus einen riesen Parkplatz, Autos ohne Ende. Es war gegen Mittag, Klaus fuhr ab. Ist das eine Messe? Nein, es war der Saalepark, der erst vor Kurzem geöffnet hatte. Wir gingen durch die Mall, Menschen ohne Ende. Ich sagte, hier müssen wir arbeiten, hier gibt es Kohle. Auf dem Big Market angekommen, hatten wir auch noch das Glück einen Platz in diesem Center zu bekommen.
Da ein Händler aus Bayern abgesagt hatte, er steckte in Bayern wegen Schnee fest. Der Manager sagte, dass wir Morgen aufbauen könnten. Klaus und ich wurden wieder ganz nervös, die vielen Menschen, mit „unserem" Geld! Wir fragten den Manager, können wir jetzt schon einen halben Tag arbeiten? Kein Problem sagte der Manager. Da mein Verkaufsstand Rollen hatte, die Deko bereits vorhanden war, stand unser Geschäft in kürzester Zeit. Es ging los, am Abend war die Kasse voll, die Leute kauften wie verrückt. Ich dachte nur, heute Vormittag Holzköpfe am Stand bei Bitterfeld, die nichts kauften und jetzt das!
Gott sei Dank, denn wir konnten den Umsatz gut gebrauchen. Nach Feierabend suchten wir eine Bleibe. Es gab damals Probleme mit Übernachtungen, aber wir fanden eine Unterkunft. Ganz in der Nähe standen einige Container zum Motel aufgereiht. Ein Schweizer machte aus der Not Geld, in einem Container war eine Bar untergebracht, die anderen waren als Motel vermietet, es waren nur Geschäftsleute da, und wir. Ab und zu kamen einige Damen aus dem einschlägigen Gewerbe vorbei. Es passte wieder alles, der Umsatz, der Sex, der Alkohol, wir liessen es uns gut gehen. Der

Center Manager sagte zu uns, das machen sie sehr gut, wenn sie wollen können sie in Kürze bei einer Neueröffnung nähe Messe Leipzig dabei sein. Langsam gingen im Saalepark die Umsätze nach unten, waren aber immer noch gut. Klaus sagte, lass uns bei der Neueröffnung dabei sein. Wenn es dort läuft mieten wir die Standfläche das ganze Jahr und wechseln die Artikel, was gerade Neu auf dem Markt ist. Die Eröffnung stand kurz bevor. Wir hatten einen super Verkaufsstand, im vollen Lauf. Der Centermanager begrüßte die Kunden an der Eingangstür, den Damen gab er persönlich jeweils eine Rose, die Kunden schoben sich nur so rein. Klaus und ich waren voller Euphorie. In der ersten Woche stellten wir fest, trotz der Lage, das Center ist ein tot geborenes Kind, wir waren wieder auf dem Boden der Tatsachen angekommen. Wir mussten das Center verlassen, es gab nur kleines Geld. Weiter auf die Suche nach einem guten Platz, der Weg führte uns nach Gera, in der Nähe wurde ein neues Center errichtet. Bevor das eröffnete befand sich auf einem Feld ein riesiges Gewächshaus, davor ein Container als Büro der Angestellten sowie des Centermanagers. LKW's fuhren mit Lebensmitteln vor, bestückten das Gewächshaus mit Lebensmitteln. Wir arbeiteten mit unserem Hobel im Eingangsbereich. Das erste mal in meinem Leben hatte ich einen Verkaufsstand im Gewächshaus.

17. Amoklauf im Bahnhofsviertel

Damals bekam ich eine Standerlaubnis für einen Monat im Kaisersack, Bahnhofsviertel Frankfurt, gegenüber Bierbrezel. In diesem Monat ist viel passiert.

Es ist ein kleines Lokal, schmaler Schlauch mit langgezogener Theke, ein schmaler Durchgang, an der Theke befanden sich drei Tische. Am Ende des Lokals befand sich die Toilette, gegenüber eine Tür mit der Aufschrift, Privat, Eintritt verboten, hinter dieser Tür gelangte man zur Peepshow. Die Mädels der Peepshow kamen durch diese Tür in das Lokal, wenn sie mal Pause machen wollten. Am Ende des Schlauchs stand ein großer runder Tisch der immer reserviert war für uns Marktfahrer. Er war die Anlaufstelle für die Händler, ob auf Durchreise oder nicht. Es wurden Informationen und Erfahrungen ausgetauscht, über Geschäfte geredet. Dort fanden sich auch Huren, die ihre Freizeit nicht immer in der Puffkantine verbringen wollten, oder Hehler, einfach alles was zu diesem Milieu gehört ein. Im Kaisersack herrsche stets reges Leben. Man begegnete dort einfach allen Menschen die sich im Bahnhofsviertel aufhielten. Zurück zum Tisch im Bierbrezel, der Anlaufstelle für Marktfahrer.

Im Lokal arbeitete ein junger Kellner, Gudrun die hinter dem Tresen arbeitete, hatte ein Verhältnis mit Peter, dem Koch des Lokals. Peter war u.A. zuständig für den Straßenverkauf. Gudruns Freund war Österreicher und als Fernfahrer viel unterwegs. Ein bis zweimal die Woche erschien er Abends, wenn er frei hatte. Wir bekamen mit, dass Gudrun ein Verhältnis mit dem Koch hatte. Gudruns Freund hat ebenfalls mitbekommen was seine Gudrun so trieb.
Eines Tages war ich nach Feierabend, wie immer, in der Bierbrezel, als der Österreicher kam. Plötzlich hatten Gudrun und er eine heftige Auseinandersetzung. Peter der Koch und ich versuchten zu schlichten, was uns auch gelang. Er verließ das Lokal. Am nächsten Morgen, ich war gerade dabei meinen Stand aufzubauen, die Tür von der Bierbrezel war halb geöffnet zwecks Lüftung. Das Personal, Peter, Gudrun, der Kellner war schon da für die Vorbereitungen auf den neuen Tag. Da kam der Österreicher um die Ecke, grüßte mich nur kurz und stoppte an der Tür der Bierbrezel. Gudrun erschien an der Tür und ging auf ihn zu. Aus den Augenwinkeln sah ich, wie er auf Gudrun einschlug, dachte ich, in Wirklichkeit stach er auf Gudrun unaufhörlich ein, sie stürzte sofort zu Boden, aus dem Hintergrund kam der Koch, stürzte sich mit einem Hechtsprung auf den Messerstecher, dieser jedoch stach und stach und stach sofort auf den Koch ein. Der Koch lag blutüberströmt am Boden. Der Amokläufer verschwand im Lokal.
Der Kellner, der sich im Lokal befand flüchtete mit einem Sprung durch die Durchreiche für den Straßenverkauf. Dann gingen wir ganz vorsichtig in das

Lokal hinein. Gudrun lag am Ende des Lokals blutüberströmt. Wir dachten der Amokläufer wäre verschwunden. Die Tür zur Peepshow stand auf, da sahen wir den Amokläufer blutüberströmt am Boden liegend, er hatte sich mit mehreren Messerstichen in die Brust selbst hingerichtet. Die Polizei sagte später, dass er genau wusste, wohin er stechen zu hatte um den Tod bei seinem Gegenüber einzuleiten.
Trotzdem, Gudrun und Peter überlebten den Amoklauf, der Täter verstarb am Tatort.

An diesem Tag war ich nicht mehr in der Lage zu arbeiten, ich hatte einen absoluten Schock. Die Abendpost Nachtausgabe hatte am nächsten Tag die Schlagzeile: Amoklauf im Bahnhofsviertel, Nervenkitzel beim Eis. Damit war die Eisdiele neben an gemeint. Beide gibt es heute noch, die Bierbrezel und die Eisdiele. Wo mein Stand war sind heute Tische von der Bierbrezel.
Doch das Leben geht weiter, als wenn nichts geschehen wäre.

Tage später, wir hatten im Kaisersack drei Verkaufsstände. Darunter meiner mit Gemüsehobeln. Am Anfang vom Kaisersack verkaufte Erwin aus Bayern Autopolitur. Aufgeregt kam er an meinem Stand vorbei und sagte. Ich halte das hier nicht mehr länger aus. Jeden Tag was anderes in diesem Gebiet. Täglich werde ich konfrontiert mit Huren, Strichern, Süchtigen und Pennern. Gestern saß eine Süchtige vis á vis von meinem Stand, hob den Rock, nichts darunter und sagt: „Ich brauch Geld, ich brauch Geld, ich brauch Stoff"... und nun das. Eben kam einer vorbei, knallte mir eine Pistole auf die Autohaube und sagte, wenn du mich mit dem Zeug linkst, dann knall ich dich morgen

ab. Erwin aus der Provinz in Bayern, wo die Welt noch in Ordnung ist, hat das nervlich nicht geschafft. Er verließ mit seinem Standort Frankfurt.
Es war aber auch immer was los. Schießerei der Polizei, die einen Bankräuber verfolgte usw.
Wir haben uns daran gewöhnt, da wir ja die Szene kannten.

Ich hatte einen Freund, Günter, der einen Autohandel in Darmstadt hatte. Seine Frau arbeitete in einem dieser Etablissements im Bahnhofsviertel. Er kam mehrmals die Woche am Stand vorbei, wenn er geschäftlich in Frankfurt war. Immer mit dem selben Spruch: „Lass uns mal um die Häuser gehen“. Es kam auch vor, dass wir total abgesackt sind. Wir fanden auch ab und an das eine oder andere Mädel. Einmal, wir gingen die Häuser auf und ab, es war nichts für mich dabei. Ich sagte zu Günter, lass uns gehen, heute finde ich kein Mädel das mir gefällt. Im letzten Haus, im letzten Stockwerk, die Tür vom Zimmer war geöffnet, da lag sie. Eine Asiatin, damals waren die noch selten. Ich dachte, die will ich. Sie war lieb und das für kleines Geld, so dass ich ihr noch was drauf gab. Treffpunkt mit Günter war die Bierbrezel. Dort erzählte ich ihm von dem Thaimädel. Er erzählte von seinem Mädel, wir beschlossen ein paar Tage später die Mädels nochmal aufzusuchen. Leider war die Straße war mit Polizeiautos abgeriegelt. Eine Riesenrazzia, die Polizei war auf der Suche nach Illegalen. Ja, mein preisgünstiges Mädel war Illegal und natürlich nicht mehr da. So ging es auch Günter.
Etwas enttäuscht verließen wir das Haus und gingen in eine Bar und ließen es uns gut gehen.

Wieder auf der Zeil, ich hatte einen Stand mit Sonnenbrillen. Die Geschäfte liefen wieder hervorragend. Eines Tages kam ein asiatischer Herr auf mich zu und machte mir ein Angebot über Zauberwürfel. Da ich mit meinem Brillenumsatz zufrieden war, steckte ich seine Visitenkarte ein mit den Worten, ich würde mich melden. Einige Stunden später kam ein Bekannter von mir an den Stand und bot mir eine Kiste mit 100 Stück Zauberwürfel an. Ok sagte ich, wir machen halbe halbe. Diese 100 Stück Zauberwürfel baute ich neben meinem Stand auf einem Campingtisch auf. Innerhalb von einigen Stunden waren die Würfel verkauft. Dafür brauchte ich mit meinen Brillen den ganzen Tag. Ich dachte, was geht denn hier ab, die Leute hatten eine solche Freude an dem Rubic cube. (Herr Rubic ist der Erfinder des Würfels). Ich kontaktierte sofort den Geschäftsmann aus Asien. Zwei Tage später hatte ich eine große Sendung Zauberwürfel zu meiner Vefügung. Somit hatte ich die Chance eine ganze weitere Woche lang (dann lief meine Standkonzession aus) richtig Geld mit den Würfelchen zu verdienen. Meine Taschen waren wieder gefüllt, Urlaubspläne durchkreuzten meine Gedanken.

Ich dachte mir, Du machst jetzt Urlaub vom Feinsten. Ab in die Schweiz nach Mocote, ins Fünfsternehotel.

18. Schwuler Modeschöpfer in der Schweiz

Zu dieser Zeit fuhr ich einen VW-Bus, der schon leicht angerostet war. Damit wollte ich dann doch nicht vor dem Hotel vorfahren. So beschloss ich mit dem Zug zu fahren. Das Hotel hatte einen Bustransfer um seine Gäste am Bahnhof abzuholen. Das Hotel war ein Superteil, vor der Tür standen die teuersten Autos die man sich vorstellen kann. Ich stand mal vor dem Hotel, als ein Geschoss von Masseratti ankam, vom Feinsten. Der Portier steht vor dem Auto und sagte zur mit, wenn sie so ein Auto fahren, da müssen sei 10 bis 20.000 Fränkli im Monat verdienen. Er glaubte, dass ich mehr verdiene. Da dachte ich an meinen alten Schrott VW-Bus.
Ich fühlte mich in diesem Hotel wohl, es war durchaus lukrativ wirklich - auch wenn ich wiederhole - alles vom Feinsten.

Aga Khan schrieb einmal: „Wenn es auf der Welt gibt ein Paradis, dann ist das dies."

Extra Weinkellner, für jeden Wunsch extra einen Kellner. Vor dem Speisesaal war eine Bar mit Pianospieler, in dieser Bar nahm ich täglich vor dem Essen einen Drink. Der Pianospieler ließ, wenn er mich sah, mein Lieblingslied erklingen. „I did it my way". Eine Gräfin, die mit ihren Kindern Urlaub machte und eine Ladenkette in der Schweiz hatte, stellte mir interessante Leute vor. Langweilig war es nie.

Am hoteleigenen Strand, der erst mit dem Aufzug in die Tiefe, dann durch einen Tunnel unter der Straße zu erreichen war, begegneten mir an der Strandbar Nadia und Walter Giller. Gerne hielte sich an diesem Stand

Prominenz auf, denn dort hatten sie ihre Ruhe. Anlässlich eines netten Gespräches mit den Gillers gab mir Walter Giller den Tipp eine Nobeldisko zu besuchen, da sind immer Superleute. Ok, abends steuerte ich dann die Disko an. Eine kleine, feine Nobeldisko, auch mit Nobelpreisen.
An der Bar bestellte Scotch-Cola, ich trank damals so gerne Whisky. Lässig lehnte ich an der Bar und sah mich um.
Da fielen mir drei Personen auf. Auf dem Tisch stand eine kleine Flasche Wodka und O-Saft. Eine elegante gut aussehende Dame, die Eindruck auf mich machte, sah zu mir herüber. Der ältere der beiden Herren, war braungebrannt, dunkle Harre, mittelgroß, leicht füllig, der Jüngere, schlank, groß ebenso braun gebrannt.

Offensichtlich fiel auch ich ihnen auf. Der Jüngere kam auf mich zu, sagte "symatico" und lud mich ein an den Tisch zu kommen. Ich hatte nichts dagegen, da ich mich für die Frau, Maria, interessierte. Allerdings legte Eduard, so hieß der Ältere, seine Hand auf mein Knie, natürlich wusste ich was das zu bedeuten hatte. Ich ließ es zu, so ein bisschen und liebäugelte mit der Frau. Wir lachten, scherzten, Eduard war Modeschöpfer und mit Geld gestopft.
Die dritte Flasche Wodka wollte ich dann ausgeben. Eduard zeigte mit dem Zeigefinger auf sich und sagte: „Hier sitzt das Geld, ich habe soviel, dass ich es das ganze Leben nicht mehr ausgeben kann“. Dann kam der Vorschlag die Disko zu verlassen und in ein Restaurant am See bei Lugano zu speisen. Eduard fuhr total auf mich ab. Er flüsterte mir in Ohr während er mir eine schwere Goldkette um den Hals legte: „Bleibe bei mir, Du brauchst das ganze Leben nichts mehr zu arbeiten“. Als es ans Zahlen ging habe ich nicht schlecht gestaunt.

Für drei kleine Fläschchen Wodka zahlte er 900,- SFr, legte 1000 SFr hin und sagte. Stimmt so. Ich war heilfroh, dass ich nichts ausgegeben hatte.
Für mein Glas Whisky, das ich selbst zahlte, es kostete 25,- SFr, 30,- SFr, legte ich hin, auch mit den Worten: Stimmt so.
Der reservierte Tisch im Restaurant am See, selbstverständlich war der Tisch davor auch reserviert um frei zu bleiben, denn Eduard liebte es nicht, wenn beim Essen in seiner Umgebung andere Leute saßen. Die Kellner wuselten ehrfürchtig um uns herum, bedienten uns perfekt, lasen uns jeden Wunsch von den Augen ab. Kamen Leute in das Restaurant die Eduard nicht gefallen haben, mussten die Kellner sagen, dass alles reserviert wäre. Eduard meinte er wolle keine hässlichen Menschen um sich haben. Irgend etwas lag Eduard plötzlich wohl quer im Halse, ich weiß bis heute noch nicht was, jedenfalls packte er das Tischtuch, faltete es an allen vier Ecken zusammen, mit dem gesamten Geschirr, Besteck und Essen, und warf alles in den See. Ich hab gedacht, das kann nicht wahr sein. Kein Kellner rührte sich, Eduard hatte absolute Narrenfreiheit. Sie wuselten mit neuen Tischtüchern herum, deckten den Tisch neu ein. Diese Eskapaden von Eduard, seine Menschenverachtung, der Akt mit dem Tischtuch, das war nicht mein Ding. So etwas tut man nicht. Eduards Charakter war nicht nach meinem Sinne. Den Rest des Abends verbrachten wir noch im Spielkasino. Da ich kein Spieler bin setzte ich kleine Beträge, gewann immer, was mir schon seltsam vorkam. Jedenfalls weigerte ich mich einen großen Betrag einzusetzen. Entweder war der Croupier bestochen, ich weiß es nicht.
Vom Casino aus fuhren wir mit dem Taxi zu Eduards Villa nach Campione, Italien. Kostet ja nur einige

hundert Franken. Meine Herren, es war wirklich eine Villa, Wasserhähne mit Gold überzogen, Marmor, Teppiche, Tapeten aus Samt, alles "Upper Class" Der Alkohol floss in Strömen, ich war so besoffen, ich kann mich an nichts mehr erinnern, keine Ahnung was ablief. Jedenfalls hat mir am nächsten Morgen der Hintern nicht weh getan, was mich schon beruhigte. Wer mit wem, keine Ahnung. Wir trieben es zu dritt.
Alles in allem war es eine schöne Nacht.

Maria und ich tauschten unsere Telefonnummern aus. Sie rief auch prompt am nächsten Tag an. An der Bar Richtung Hotelstrand wartete ich auf sie. Der Barkellner versank beim Anblick von Maria in Ehrfurcht, frage mich in einem günstigen Augenblick ob ich wüsste wer das sei. Nein, sagte ich, die habe ich gestern kennengelernt. Das ist... weiter kam er nicht mehr, Maria war zurück vom Näschen pudern.

Wir tranken gemeinsam noch einen, sie lud mich zum Essen bei einem Nobelitaliener ein. Anschließend fuhren wir zu ihr nach Hause. Ihre Villa, ein gigantisches (Etablissement/Anwesen) Teil, lag auf dem Berg in Vice Morcote. Dort lebten die Reichen. Die europäischen Filmgrößen und Geschäftsleute hatten hier ihre Domizile. Maria, eine freundliche, sehr schöne, sagenhaft elegante Frau in Designerklamotten, lud zu einer Gartenpartie ein. Alles Ansässige von Rang und Namen kam. Maria führte mich in diese Gesellschaft ein. Gutes Auftreten hatte ich schon immer, entsprechende Kleidung hatte ich ohnehin, ich legte immer Wert auf gute Kleidung. Dadurch war ich sofort in der Spaßgesellschaft mitten drin, ich wurde rumgereicht, was Neues für die High Society, ich passte einfach rein in diese Gesellschaft. Man muss nicht superreich sein, man muss reinpassen in diese Gesellschaft. Maria und ich waren glücklich.

Im Hotel waren alle noch freundlicher zu mir, da alle mitbekamen mit wem ich verkehrte. Maria und ich tingelten durch die Schweiz. In St. Moritz lernten wir in einer Hotelbar einen Geschäftsmann und dessen Frau kennen, er hatte eine Holzfabrik bei Zürich. Wir waren uns sehr sympathisch, beide verabschiedeten sich von mir, er gab mir seine Visitenkarte und lud mich ein, sollte ich wieder in der Schweiz sein, solle ich mich bei ihnen melden, ich wäre herzlich eingeladen. Dazu komme ich aber später noch.

Die Wochen mit Maria waren gespickt mit Spaß, Party, Saufen, Koksen, was ich allerdings ausließ. Probiert habe ich es mal, das war nicht mein Ding. Ich rauche und trinke, das reicht mir. Diese ewige Feierei, diese ewigen Exzesse, das ewige Nobel konnte ich nicht mehr ertragen, es ist ein schönes Leben auf Zeit, der Luxus, aus goldenen Tellern zu essen, mir wurde das alles zu viel. Es ist nicht meine Welt, der ständige Müßiggang, feiern, feiern, feiern. Der Alkohol tat sein übriges. Ich wollte wieder zurück in meine Welt, den Markt. Irgendwie war ich süchtige auf das Marktleben, die Menschen, die Arbeit, das Verkaufen, das Reisen, die Abenteuer.
Ich verließ Maria und Schweiz und kehrte nach Frankfurt zurück. Maria versprach ich wieder zu kommen, in Kontakt zu bleiben, was ich tat. Irgendwann schlief das aber ein.

19. Sudfass Frankfurt

Zurück in Frankfurt auf die Zeil. Ich fühlte mich wieder wohl, zurück bei normalen Leuten.

Ich verkaufte Fensterwischer, diese waren neu auf dem Markt. Im Plastikteil befand sich ein kleiner Schwamm, links, seitlich rechts eine Gummilitze. Zwei Freunde von mir reisten durch die Welt, immer auf der Suche nach neuen Produkten. Dieses Teil brachten sie aus der Schweiz mit.

Bevor wir mit den Wischern auf die Zeil gingen, übten wir außerhalb Frankfurts auf einem freien Platz, denn die Verkaufsstrategie, die Technik des Wischers, Einspannen der Vorführscheibe, alles musste festgelegt werden.

Später habe ich gut auf der Zeil verkauft, es war ein lukratives Geschäft. Eines Tages kam ein Bekannter Großhändler aus Deutschland und interessierte sich für den Artikel, denn es hatte sich auf den Märkten herumgesprochen, dass es einen gut laufenden neuen Produkt gibt.
Er hatte mehrere Leute in Deutschland die mit anderen Produkten auf den Märkten handelten, die aber nicht so gut liefen. Er bot mir einige Tausend an, wenn ich seine Leute einarbeite, damit diese die Wischer in ganz Deutschland in stark frequentierten Fussgängerzonen verkauften.

Das tat ich auch, als kleines Zusatzbonbon sagte er noch, dass er abends mit mir ins Sudfass (eines der bekanntesten Bordelle weit über die Grenzen Deutschlands hinaus) geht, alles auf seine Kosten. Das

gefiel mir natürlich besonders gut. Dank meiner Captagon (Aufputschmittel, das damals in Mode war) konnte ich mich die ganze Nacht mit den Damen, die an der Bar arbeiteten, vergnügen. Ich bumste jede Einzelne, musste aber zwischendurch immer eine Pause einlegen, mich erholen und meinen Whisky Cola trinken. Wie viel der Abend den Geschäftsmann gekostet hat, weiß ich nicht. Mir hat er jedenfalls Freude bereitet.
Die Arbeit auf der Zeil und das Nachtleben in Frankfurt machten mir Freude.

20. Sonne in Andalusien

Bei Malaga hatte Antonio an der Straße zum Campingplatz ein Restaurant. Er selber behauste ein kleines Häuschen mit seiner Familie im Hinteren Bereich des Platzes. Im vorderen Teil des Restaurantes betrieb er eine Bar. Mir viel auf, dass die Spanier immer etwa drei Tage da waren, dannach war die Bar wieder leer. Ebenso fiel uns ein Schwede auf, mit ausgebauten Reisebus, gegen Ende des Monats war von ihm nichts mehr zu sehen. Antonio antwortete mir auf meine Frage wo die denn alle wären. Ja, lachte Antonio, die kommen alle wieder, wenn es neue Stütze gibt. Stütze angekommen und sie waren wieder in der Bar. In drei bis vier Tagen haben die Jungs die Stütze platt gemacht, alle eingeladen, hatten es krachen lassen bis alles Bare erschöpft war, dann wird wieder auf die nächste Stütze gewartet.
Mir gefiel die Einfachheit und Ehrlichkeit der Leute.

Am Wochenende war alles voll Spanier. Es war eine schöne Atmosphäre, die Menschen sind nicht so auf Äußerlichkeiten bedacht, wie wir Deutsche. Wer was hat oder nicht hat, spielt bei Weitem nicht so eine Rolle wie bei uns. Wir fühlten uns dort unheimlich wohl und blieben so lange wie möglich, bis die Saison zum Arbeiten wieder los ging. Es war auch gut so, denn auf die Dauer wurde mir das Strandleben zu langweilig.
Ich fuhr los um zu schauen wo ich meine Hobel verkaufen konnte.
In einem Kaufhaus verhandelte ich mit dem dortigen Manager um vor der Eingangstür meinen Hobelstand aufstellen zu dürfen. Drei Tage die Woche wollte ich dort arbeiten. Das war ok. Da ich ja kein spanisch sprach, bzw. zu wenig für Verkaufsgespräche. Doch Gerda war immer dabei. Bei Fragen deutete ich auf Gerda, die dann übersetzte. Für den Fall, dass Gerda mal nicht in der Nähe war, hatte ich Spickzettel mit Namen die für den Verkauf notwendig waren. Für Fragen nach den Preisen, die sie in der internationalen Form des Zeige- und Mittelfingers aneinander reiben andeuteten, hielt ich vorbereitete Zettel hoch auf denen die Preise in Peseten standen.
Den Spaniern gefiel das. Finanziell ging es gut.
Wir hatten unsere Winterreserven und ich verdiente nebenbei.

Mich sprach ein Mann in deutscher Sprache an, der mir sagte, dass er mich beobachte und ich die Sache sehr gut mache. Ob ich nicht für ihn arbeiten wolle, da er den Hobelvertrieb in Spanien hat. Das war Toni. Nach einem Gespräch verblieben wir so, dass ich auf sein Angebot zurückkommen wolle. Das tat ich auch, allerdings nach Jahren. Erst nachdem ich mich von Gerda getrennt hatte, vorher brauchte ich Toni nicht.

Gerda und ich verbrachten über zehn Jahre zusammen, immer Deutschland, Spanien.

21. Abschied von Gerda

Nach den vielen Reisen, Deutschland von Nord bis Süd, Ost, West, Österreich, Spanien, den vielen Beziehungen, die immer nur von kurzer Dauer waren, da ich immer unterwegs war. Das hielt keine Frau auf Dauer aus, außer Gerda, da sie mit dabei war. Wir bauten uns eine gemeinsame Zukunft, ein kleines Häuschen am See mit Boot und Anlegestelle. Ein Traum, Gerda war sehr bescheiden, Geld kam an zweiter Stelle, egal was wir auch besaßen. Sie blieb normal, sie kam aus dem Osten, dort lernte ich sie auch kennen. Zehn Jahre lang waren wir jeden Winter 4 Monate in Südspanien, Andalusien. Leider lebten wir uns langsam auseinander. Mit Schuld daran war ihre Tochter, mit ihren nicht gerade gut erzogenen Kindern. Gerda zog sich immer weiter zurück Richtung Familie. Ich konnte nicht mehr. Ich wusste nicht wie es weitergehen sollte. Denn alles lief auf Gerdas Namen, da ich damals Steuerprobleme hatte. Eines Tages, es viel mir sehr schwer, ich musste gehen, der Zustand war unerträglich. Die Familie auf der einen Seite, auf der anderen die ewigen sinnlosen Diskussionen. Ich packte meine Habseligkeiten. Mit abgezähltem Geld, einen Wohnwagen, wenig Ware, fuhr ich von Dresden Richtung Rostock. Ich ließ alles zurück.

Bevor ich fuhr sah ich Gerda mit Waldi, unserem kleinen Hund, vor der Haustür. Der Abschied musste leider sein. Die letzte Erinnerung war ihr Gesichtsausdruck den ich noch heute nach so vielen Jahren vor mir sehe. Stefan ist gegangen, kommt nicht

mehr zurück. Während der Fahrt nach Rostock standen mir immerwieder Tränen in den Augen. Ich musste meinen Weg gehen, nach einer so langen schönen Zeit mit ihr.
Auf dem Weg nach Rostock machte ich in Sternberg halt, denn dort fand laut Marktkalender ein Fest statt. In der Nähe war ein Campingplatz direkt am See mit vielen Urlaubern und ich mit abgezähltem Geld und Ware kehrte dort ein. Ich hoffte der Markt läuft, damit es weitergeht. Mein Auto war Gott sei Dank gut in Schuss. Nun nach der Trennung der zweite Schock. Auf dem Markt ging so gut wie nichts, auch das noch, ich war komplett am Ende. Gerda weg, Haus weg, kein Geld, wenig Ware auf einem Campingplatz bei Sternberg. Am Abend saß ich wie ein getretener Hund im Vorzelt und heulte Rotz und Wasser. Wie sollte es weitergehen. Ich telefonierte mit vielen Bekannten, jeder wollte mir helfen. Ich sagte, ich brauche einen Platz damit ich wieder nach oben komme, da ich in dieser Zeit keine Arbeitspapiere hatte konnte ich die Wochenmärkte wegen Kontrollen nicht anfahren. Peter aus Essen, war meine Rettung. Er sagte ich komme hoch und helfe dir. Er hatte Geld und Reisegewerbekarte. Nach kurzem Telefonat sagte er zu mir: „Fahr nach Rostock, Dienstag Lüttenklein, Mittwoch Bad-Doberan usw.“ Die Woche war gerettet, jeden Tag Arbeit bei Rostock, denn da wurde nicht kontrolliert.
Ich hängte den Wohnwagen an und landete in Börgerende auf einem schönen Campingplatz, Nähe Rostock, direkt an der Ostsee. Nun ging es wieder aufwärts, ich stürzte mich nur noch auf die Arbeit um das Elend zu vergessen.
Sieben Tage die Woche hatte ich Arbeit. Auf jeden Wochenmarkt gab es super Kohle mit meinem

Gemüsehobel. Nach einigen Wochen war die Welt wieder in Ordnung. Mit einigen Tausendern in der Tasche fuhr ich über Hamburg, machte noch den einen und anderen Markt, Richtung Frankfurt, lebte vorerst in meinem Wohnwagen, machte gute Geschäfte bevor ich eine Wohnung hatte. Ich glaubte ich sei im normalen Leben angekommen. Ich dachte zugleich an eine sehr schöne und teilweise beschissene Vergangenheit.

22. Antonio, der Türke und Bautzen

Zurück von Spanien wieder in Bautzen an der Talsperre. Dort lerne ich einen Geschäftsmann kennen, der mit Designerhemden handelte, aber leider pleite gegangen ist. Er bot mir an, mir seine Ware in Kommission zu gehen. In der Bautzener Fußgängerzone mietete ich einen Platz an, verkaufte die Hemden unter Wert, ich verschleuderte sie regelrecht und machte schönes Geld. Eines Tages, ich war gerade beim Hemdenverkauf, als ich einen Anruf bekam. Ich hätte Besuch und sollte mich überraschen lassen. Ich fuhr zum Campingplatz, als ich um die Ecke fuhr sah ich schon das Auto von Antonio aus Malaga, das kann doch nicht wahr sein. Ein total altes Auto. Mit solch einem alten Auto und Wohnwagen von Malaga nach Bautzen mit Frau und der kleinen Makarena war schon eine Leistung. Aber Antonio schafft das, ich freute mich riesig. So, wie geht es weiter, was machen wir mit Antonio? Ich nahm ihn mit auf die Märkte, er half mir, damit er erst mal Geld

verdient. Ich sprach mit Abo dem Türken, der einen Dönerladen hatte, ob er Arbeit für Antonio und Frau hatte. Ja das ging. Marie Luise arbeitete in der Küche, Antonio stand hinter der Theke. Antonio lernte schnell, Marie Luise auch. Beide waren ca. ein halbes Jahr da und sparten ihr Geld. Da es in Malaga nur einen Dönerladen gab und er sah, dass man damit gutes Geld verdienen kann, entschloss sich Antonio in Malaga einen Dönerladen zu eröffnen. Von Abo kaufte er für fünfhundert Mark eine gebrauchte Dönermaschine und ab ging es nach Malaga. In einer Seitenstraße mietete er einen kleinen Laden, der bestand nur aus einem Schlauch, am Ende befand sich die Toilette, die gleichzeitig das Lager war. Der Verkaufsladen war praktisch nur ein Meter breiter Schlauch, ca. vier Meter lang.
Am ersten Tag, dem Eröffnungstag, verkauften Antonio und Marie Luise gerade mal drei Döner. Sie saßen Abends völlig verzweifelt in der Wohnung über dem Laden, winzig klein. Wie sollte es weiter gehen? Aber sie hatten nichts mehr zu verlieren und mussten weitermachen. So langsam sprach sich der Dönerladen herum und langsam kamen mehr Käufer. Die Gäste wurden mehr und mehr und Antonio verdiente richtig Geld. Antonio hat aber seinen kleinen Laden beibehalten, er wurde nicht gierig. Er hat sich etwas vergrössert, mit einem neuen Laden ca. fünfzig Meter entfernt vom ersten Laden. Ich brachte jedes Jahr neue Dönerspieße, Messer, Maschinen, alles was einen Dönerladen so braucht, mit. Marie Luises Bruder sah, dass damit Geld zu machen ist und eröffnete ein Restaurant. Heute hat er drei Restaurants. Antonio hat heute eine Eigentumswohnung, Transporter, Familienauto. Der Familie geht es gut. Aber der Dönerladen ging dann nicht mehr, denn es kamen mehr

und mehr Dönerläden. Es gab auf einmal Dönerläden an jeder Ecke. Antonio, hatte aber einen jahrelangen Vorsprung bis die Döner wie Pilze aus dem Boden schossen. Er hat noch sein Geld gemacht. Jetzt läuft sein Geschäft normal. Heute geht ein Dönerladen nach dem anderen in Malaga pleite, nur Antonio, bescheiden geblieben, gibt es heute noch. Marie Luises Bruder wurde gierig und verschuldete sich mit seinen Restaurants.
So wie ich die Zeit finde, fliege ich heute noch ein bis zwei mal im Jahr zu Antonio. Auch Antonio besucht mich ab und an.
Wir haben eine tiefe Freundschaft.

23. Werner, die Huren und ich

Eines Tages, es war ein lauer Sommerabend, ich wollte meine Eltern besuchen, schlenderte im Ostend an einer Kneipe vorbei, aus der Elvismusik klang. Dachte ich, oh, das klingt aber gut, gehste mal rein. In der Ecke stand ein Ofen, im Nebenraum ein Billardtisch. Ach hier gefällt es mir ganz gut. Gib mir einen Whisky Cola sagte ich zum Mann hinter der Theke. Wir waren uns gegenseitig sofort sympathisch. In diesem Lokal verkehrte auch wieder einfach Alles. Gegenüber war ein Bordell. Zum Abschalten kamen die Damen rüber. So wurde dieses Lokal meine Stammkneipe.

Zu der Zeit verdiente ich ja noch viel Geld, und sagte ab und an zu Werner, gib mal ne Rutsche für alle. Aus einer Rutsche wurden meistens viele Rutschen.

Manchmal hatte ich einen Deckel von 500,- DM. Werner, der Wirt sagte: „So einen wie dich hatte ich selten, mit solchen Deckeln“.
Normal ging ich mit 1000 Mark aus dem Haus. 500 Mark für die Flößerstube, 500 Mark für den Bahnhof. Wenn ich nur 500 Mark einstecken hatte machte ich bei Werner einen Deckel, den ich beim nächsten Besuch zahlte und wieder machte ich einen neuen Deckel. Ich komm nächste Woche wieder und zahl, ja ja sagte Werner ich weiß, ist schon in Ordnung.
Werner und ich sind heute noch Freude. Werner erzählt öfters dass er nie vergisst, als ich das erste mal in die Kneipe kam schaute in die Runde und machte eine rundum Bewegung mit gehobener Hand und ausgestrecktem Zeigefinger, was bedeutet eine Runde für alle.
So tingelte ich vom Bahnhof zur Flößerstube und zurück.

Um es genauer zu formulieren, der Nebenraum in dem der Billardtisch stand wurde nicht immer zum Billardspielen benutzt, häufiger diente der Billardtisch um die eine oder andere Dame zu beglücken. So auch die Dame mit den Ringelsöckchen, diese liebte sie und besaß sie in allen Farben. Sie kam einmal bis zwei mal die Woche und wollte gevögelt werden. Den Gefallen taten wir ihr gerne.
Es war immer ein reges Treiben in der Kneipe. Werner der Wirt lachte immer, ich passte gut in sein Lokal, war ein guter Gast.

Einmal saß eine Frau am Ecktisch als ich reinkam, die mir gleich auffiel. Der Blickkontakt war schnell hergestellt. Als sie dann aufstand um auf die Toilette zu gehen, hat es mich fast umgehauen. Bis dato sah ich ja

nur ihren Oberkörper. Was für ein Geschöpf dachte ich, hautenge Hotpants, Stiefel bis über die Knie, wie es damals Mode war.
Sie ließ sich beim Aufstehen Zeit um mir die Gelegenheit zu geben meine Fantasie spielen zu lassen, was sich unter den hautengen Hotpants verbarg. Mein Gedanke war, die schnapp ich mir. Ich konnte es nicht mehr erwarten bis sie wieder zurück kam und fing ein Gespräch mit ihr an, was nicht so einfach war, da die räumliche Distanz, Theke zum Ecktisch hinderlich für eine dezente Kommunikation war. Eine Äußerung von mir in die Richtung: „Was willst Du Schlampe, geh rüber und arbeite" fühlte sie sich gekränkt, nahm ihr Glas und warf es nach mir. Ich wich aus, nahm mein Glas und warf es ebenfalls nach ihr. Sie wich auch aus, starrte mich verwundert an. Bleib ruhig Mädel, sagte ich, entspann dich. Gib dem Mädel mal nen Drink, Werner. Sie lächelte.
Zu dieser Zeit war ich sehr erkältet. Sie arbeitete vis á vis im Puff. In ein nicht besetztes Zimmer einer ihrer Kolleginnen zogen wir uns zurück. Liebevoll sorgte sie dafür mir meine Erkältung etwas erträglicher zu machen. Mit Wick Wapurup rieb sie mich ein, legte Wattestreifen getränkt mit Medizin auf meine Rücken, ging dann in ihr Zimmer zum Arbeiten. Bleib hier, sagte sie, wenn ich mit dem Arbeiten fertig bin, komme ich zu dir. Nach einigen Stunden fühlte ich mich wohler. Als sie zu mir zurück kam, trieben wir es miteinander. Ich war zwar noch krank, aber das ging immer.
Sie war lieb und legte mir ihr an diesem Abend verdientes Geld hin, entschuldigte sich noch dafür, dass es heute nicht soviel sei, aber es wäre nicht so viel los gewesen. Na ja, dachte ich mir ich nehm's schon. So wurde ich Connis Zuhälter, ohne dass ich es wollte.

Wir verbrachten eine schöne Zeit, sie fuhr auch ab und zu mit mir über die Märkte, denn da ich ja unabhängig bleiben wollte war meine Haupteinnahmequelle der Markt.

Eines Tages verließ sie Frankfurt um sich in Hamburg anzusiedeln, Sie schaffte dort an.

Ab und zu besuchte ich Conni in Hamburg. Wir waren öfters beim Hanne in der Ritze. Das Verhältnis mit Conni habe ich später abgebrochen, denn ich wollte mich um meinen Markt kümmern und nicht ständig nach Hamburg fahren. So verloren wir uns aus den Augen.
Ich fuhr wieder über meine geliebten Märkte quer durch Deutschland. Überall wo es Geld gab verkaufte ich meinen Gemüsehobel.

Immer wenn ich in Frankfurt auftauchte war ich in der Fößerstube bei Werner, feiern, saufen.

Leider lief dann die Pacht für die Flößerstube aus.
Werner und ich organisierten eine Abschiedsparty für die Stammgäste. Werner sagte: „Los wir saufen die Kneipe leer“. Ich sorgte für die kalten Platten. Der Billardtisch war für die kalten Platten. Meine Mutter brachte uns ein schönes weißes Tischtuch, das macht sich doch besser als der grüne Billardtisch. Zwei Tage dauerte die Party, das Lokal war voll mit Stammgästen und leicht bekleideten Huren. Der Alkohol floss in Strömen. Eine der Damen legte einen gekonnten Strip hin, so dass doch der eine oder andere Stammgast mit einer Dame rüber in den Puff ging. Es waren zwei Tage Exzess, aber schön.

Nach dem zweiten Tag tauchte die Polizei, gerufen von Nachbarn, die die Ruhestörung nicht mehr hinnehmen wollten auf. Aber da war ohnehin kein Alkohol mehr da. Wir haben dann alles was noch zu gebrauchen war mit dem Bus abtransportiert.

Werner hatte dann in der Nähe vom Bahnhof eine neue Kneipe. Ein neuer Anfang. Ich machte weiterhin meine Märkte und fand mich wieder in Werners neuer Kneipe ein.
Das Abenteuer Flößerstube war eine schöne Zeit.

24. In die Pfanne gehauen

Auf meinen Reisen durch Deutschland begegnete mir auf einem Markt Rolf. Er hatte einen Pfannengroßhandel bei Hagen, Westfalen. Er hatte weit über zehn Leute, die von Hamburg bis München vor den Kaufhäusern in den Fußgängerzonen mit der Pfanne arbeitete. Er war dort mit seinen Pfannen gelistet. Er sagte mir, dass er es alleine nicht mehr schaffe, er brauche jemanden der fünf Leute übernehmen könnte. Wir handelten die Prozente aus, ich willigte ein, stellte meinen Gemüsehobelstand in sein Lager. Wir belieferten die Kaufhäuser in denen meine Mitarbeiter ihre Pfannen anboten. Nicht jeder war ein guter Verkäufer, es lag auch teilweise am Platz. Peter war in Oldenburg und machte sehr gute Umsätze, er war mit einer der Besten. Jeder Verkäufer bekam von mir die Woche Tausend DM den Rest Ende des Monats. Um einen Ansporn zu geben bekam der Beste im

Quartal schon mal eine Urlaubsreise geschenkt. Ich bekam meine Prozente vom Gesamtumsatz, konnte gut davon leben. Eines Tages war ich in Oldenburg bei Peter und obwohl er sehr gut verdiente hatte er nie Geld, es reichte gerade so. An diesem Tag wollte er trotz Zahlung tausend DM mehr haben. Wir diskutierten, dann gestand er mir unter Tränen wofür er so viel Geld braucht. Er hat sich in ein Mädel verliebt die Koks brauchte. Sie schaffte nebenbei noch an und zockte ihn auch noch ab; was man aus Liebe doch alles macht. Er kam nicht von ihr los. Kurze Zeit später musste ich mich von ihm trennen weil die Abrechnungen nicht mehr korrekt waren. Ein neuer Verkäufer musste her, um diesen guten Platz weiter zu besetzen.

Klaus und Doris lernte ich auf einer Messe kennen, sie verkauften einen Quirl, genannt Zauberstab. Ich schaute mir einige Vorführungen an, sie machten das sehr gut, die könnte ich gebrauchen für einige meiner Plätze. Wir vereinbarten einen Termin damit ich sie einarbeiten kann. Der Verkaufsstand inkl. Ware war vor der Tür aus von beiden nicht zu sehen. Ich ging ins Dachrestaurant zum Kaffee trinken, da waren sie. Ich dachte nur die haben einen kleinen Vorschuss bekommen weil sie nichts hatten, nun sitzen sie beim Diplomatenfrühstück und blätterten in einem Urlaubskatalog, ohne eine Mark verdient zu haben. Ich dachte nur mit denen gibt es keine Zukunft, so kam es auch.

Nun auch noch das: Ich bekam einen Anruf aus einem Kaufhaus in Mannheim, es ging um Unstimmigkeiten mit der Abrechnung. Ich musste es klären, da ich die Kaufhäuser mit der Ware bestückt habe, wusste ich laut Lieferschein was laut Abrechnung noch da sein musste.

Es fehlten mehrere tausend DM. Als ich draußen beim Verkaufsstand war, war der Verkäufer noch nicht da, es standen aber schon die ersten Kunden da. Ein Kunde wollte drei Pfannen, ich gab sie ihm, als ich den Preis nannte erwiderte der Kunde ok, aber was ist mit den Glasdeckeln, die Glasdeckel kosten extra sagte ich. Er sagte das kann nicht sein, der Verkäufer der vorher hier war hat die immer dazu geschenkt. Nun wusste ich wie die Differenzen zu Stande kamen. Kann doch nicht war sein, der verschenke die Pfannendeckel. Ich hatte langsam die Nase voll.

Da waren Heinz und Jan sie fuhren mit unseren Pfannen quer durch Deutschland auf die Jahrmärkte, die hatten, wie ich, einen Marktkalender in dem man ersehen konnte in welchem Bundesland der Markt stattfindet und wie viel Tage.

Einmal pro Woche kamen sie zum Abrechnen und um eine neue Ladung zu holen. Heinz sagte, hau den Transporter voll. Wir haben eine längere Tour vor uns, wir kommen mit richtigem Geld zurück. Gesagt getan. Unser Transporter war voll geladen, beide fuhren vom Hof. Bevor sie fuhren sagte ich noch, sollte es mit der Ware eng werden, sagt mir wo ihr seid, ich bringe auch Nachschub. Ich kümmerte mich um neue Kaufhausplätze sowie neuen Verkäufer. Über eine Woche ging ins Land, Heinz und Jan meldeten sich nicht, die waren jetzt über eine Woche mit unserem Transporter und Ware unterwegs. Normalerweise hätten sie sich melden müssen, es geschah nichts. Wir machten eine Anzeige bei der Polizei, denn die zwei waren spurlos verschwunden mit Ware im Wert von zigtausend DM samt Transporter. Wir starteten weiterhin eine Annonce im Zentralmarkt sowie im

Handelsmagazin, jeweils eine ganze Seite mit „Gesucht werden“. Der Zentralmarkt, Handelsmagazin sind Zeitschriften in denen Marktfahrer sowie Geschäftsleute ihre Ware beziehen, denn dort findet man alle Großhändler in Deutschland. Wir hatten keinen Erfolg, die sind abgetaucht.

Ich sagte meinem Partner, dass ich aussteige, habe mit den Leuten nur Probleme. Der eine war Alkoholiker, der andere brauchte Koks, ein anderer arbeitete einen Tag vor dem Kaufhaus, verschwand mit dem Tagesumsatz und ließ noch den Fernseher im Hotel mitgehen, das war mir alles zuviel, ich schmiss den Deal hin. Ich lud meinen Verkaufsstand ein und fuhr alleine über die Märkte. Endlich keine Probleme mit den Leuten, nur hier und da Probleme mit den Marktmeistern.

25. Der Marktmeister

Der Marktmeister war eine von der Obrigkeit angestellte Person, die für Allgemeinaufsicht zuständig war. Er wies die Plätze und Stände zu und erhob etwaige Gebühren, das Marktgeld.

In Bayern hatten wir einen Marktmeister die bei einem Rundgang die Stromleitungen am Boden kontrollierte. Bei einem Stand baumelte das Kabel ein Meter über ihm zum nächsten Stand. Er sah es nicht. Nun fragte er, wo dieser Stand denn sein Strom beziehe. Wir zeigten ihm eine Kabeltrommel dessen Stecker in einem entfernten Acker steckte. „Hier sind überall Energiefelder“, sagten wir. Ungläubig ging er zum

Stecker und zog ihn aus dem Dreck. Das Standlicht ging aus. Er drückte den Stecker wieder in den Boden, Licht wieder an. „Das gibt's doch gar nicht..." stammelte er, ging einige Meter mit dem Stecker weiter und wiederholte die Prozedur, gleicher Effekt. „Überall Energiefelder!", riefen wir.
Nur unser lautes Gelächter machte Ihm klar, dass wir parallel zu seinem Tun einen Lichtschalter an und ausknipsten.

Ab und an schmierte man den Markmeister. Locker wanderte mal ein 100Mark Schein von Hand zu Hand. „Langt Ihnen der Platz wollen Sie einen besseren?" war dann seine Reaktion.
Im Marktbüro durfte man nur unterschreiben, wenn der Marktmeister im Hintergrund nickte. Bei wem er nicht nickte bekam zu hören: „Es tut uns leid, alles schon voll."
Ein Kollege sagt mir: "Diese scheiß Korruption, ich mach das nicht mehr mit, ich geh jetzt zum Bürgermeister und beschwer mich!" Ich antwortete trocken: „Das macht wenig Sinn, der war früher selbst Marktmeister."

26. Teneriffa und zurück

Toni lernte ich Jahre zuvor in Malaga kennen. Er hatte den Vertrieb Gemüsehobel für ganz Spanien. Damals wollte er, dass ich für ihn in Spanien arbeite, auf selbständiger Basis. Aber ich lehnte ab, da ich meine Plätze und Termine während der Saison März bis Mitte November in Deutschland hatte. 10 Meter, davon 6 Meter Mode sowie Silberschmuck und 4 Meter für Gemüsehobel. Gerda und ich verbrachten Jahre mit

unseren Wohnwagen, anschließend in einem Haus in Spanien. Nachdem ich mich von Gerda trennte, setzte ich mich mit Toni in Verbindung, also fuhr ich nach Torre del Mar bei Malaga.
Toni besorgte mir dort eine Wohnung direkt mit Meerblick. Ich arbeitete in einem großen Einkaufszentrum in Malaga. Den Vortrag in spanischer Sprache lernte ich auswendig, so dass er perfekt war. Mit der Zeit lernte ich Spanisch ganz gut. Am Anfang hatte ich am Verkaufsstand einen Spickzettel, auf dem die Gemüsesorten in Spanisch standen. Nach schwierigen Anfängen klappte es immer besser, bis ich perfekt war. Es war eine super Zeit, mal in Sevilla, Malaga, Jachthafen Marbella Poerto Banus. Mit am Schönsten war es im Yachthafen Benalmadena, drei Tage Arbeit am Wochenende, von Freitag bis Sonntag. Toni stellte dort einen Verkaufsstand vom Feinsten auf, mit Blick auf die Yachten, denn am Wochenende kamen die Touristen und füllten den Hafen. Dort lernte ich verschiedene Nationen kennen. Da alle Urlaub hatten waren sie gut drauf, die Geschäfte liefen. Ich kam gut über den Winter. Die Woche über schaute ich mir die Gegend an, traf mich mit Antonio meinem spanischen Freund. Super Zeit drei Tage die Woche Arbeit, Sonne, Meer, was will man mehr.

Toni sprach mich an ob ich nicht Lust hätte auf Mallorca oder Teneriffa zu arbeiten. Ich flog nach Teneriffa und traf mich mit Toni am Flughafen nur kurz, da er nach Malaga weiter fliegen musste. Er gab mir die Schlüssel vom Auto, für Übernachtung war gesorgt. Der Stand war im Einkaufszentrum Al Campo mit Blick auf den Vulkan Teide.
Ich verbrachte einige Tage auf Teneriffa, als mein Freund Klaus aus Österreich kam. Toni kam aus

Malaga. Wir fuhren über die Insel und schauten uns gemeinsam alle interessanten oder uninteressanten Plätze an. In Santa Cruz waren wir in einem Einkaufszentrum, dort sagte ich zu Toni, dass ich hier einen Platz haben wolle, denn hier gäbe es Geld. Toni verhandelte mit dem Centermanager und organisierte den Platz. Während der Autofahrt zum Bungalow sagte Toni zu mir, Stefan wenn du hier arbeitetest, kannst du jede Woche 1000 Euro sparen. Ich schaute ungläubig zu Klaus, dachte wer kann 1000 Euro pro Woche sparen? Ich fing an zu arbeiten im Center und Toni sagte zu mir, pass auf, du übernimmst mit dem Hobel die Inseln aber dafür brauchst du als Start 5000 Euro. Ok sagte ich. Ich entnahm der Kasse nur das Nötigste, legte einen Zettel rein mit Entnahme, damit das Geld so schnell wie möglich zusammen kommt. Toni flog wieder nach Malaga. Ich war dann eine Woche allein, da merkte ich schon, dass etwas nicht stimmte. Toni's Ehe ging kaputt, Golfklub wurde aufgegeben, Zahlungsschwierigkeiten mit dem Lieferant aus Deutschland. Es brach bei ihm alles zusammen und er zog mich mit hinein. Denn ich verdiente sehr gut und hatte in 5 Wochen 8000 Euro zusammen. Ich vertraute das ganze Geld Toni an. Vom Umsatz habe ich noch 3000 Euro zurückgehalten, sonst hätte ich gar nichts mehr gehabt.
Ich hatte den Verdacht, dass Toni Mengen von Koks brauchte, nämlich wenn er arbeitete war er voll aufgedreht, ohne Pause. Er powerte an einem Stück bis zu zwei Stunden durch. Ich war nur am Einpacken.
Toni rief mich aus Las Palmas, Gran Canaria an und sagte, komm rüber, hier ist eine Verkaufsausstellung, die geht 5 Tage und ist der Hammer, bring Geld mit und Ware, hier gibt es viel zu verdienen. Ich sagte ihm, ich habe kein Geld, wir müssen Reden. Ich fuhr mit der

Fähre von Santa Cruz nach Gran Canaria. Ich traf Toni am Abend, da wollte Toni Geld von mir. Ich sagte nein, ich bekomme von dir noch Geld. In einem Restaurant am Strand diskutierten wir. Was heißt diskutieren, ich hätte ihn erschlagen können. Er gab mir kein Geld, also habe ich Wochen umsonst gearbeitet. Hätte ich die 3000 Euro nicht zurück gehalten hätte ich keinen Cent gehabt. Das war der Bruch mit Toni, denn wir kannten uns 10 Jahre und ich hatte volles Vertrauen zu ihm und jetzt das. So flog ich mit dem letzten Geld nach Frankfurt.

In Frankfurt angekommen, es musste ja nach diesem Abenteuer irgendwie weitergehen, suchte ich meinen Bruder auf. Meinem Bruder erzählte ich die Geschichte, er fragte gleich, brauchst du Geld? Ja, sagte ich, 1000 Euro für den Start, 5000 wären mir lieber. Er gab mir gleich 1000 Euro, die restlichen 4000 kamen später nach. Ich habe ihm alles wieder zurück gezahlt.
Wieder fuhr ich über die Märkte und machte meine normalen Geschäfte, mal mehr, mal weniger, insgesamt lief es ganz gut. Die Saison ging langsam zu Ende und ich hatte wieder vor nach Spanien zu fahren zu meinen Freund Antonio mit dem Dönerladen nach Malaga, Andalusien, meine zweite Heimat.

Von einem Einkaufszentrum aus Weißenfeld bei Leipzig bekam ich einen Anruf, ob ich nicht zu Weihnachten in der Verkaufsmall gebrannte Mandeln, Lebkuchenherzen und Kräuterbonbons verkaufen möchte. Ich überlegte, überlegte sagte schließlich zu. Standgebühr plus Wareneinkauf, Unterkunft musste ich ja vorfinanzieren. Standgebühr für vier Wochen 1500,- Euro, erster Wareneinkauf 1500 Euro, um eine Woche agieren zu können. Um die gebrannten Mandeln warm zu halten musste ich improvisieren, denn die Kosten für ein Heizblech waren weit über 100 Euro. So behalf ich mir mit einem oben aufgeschnittenen Bananen-karton auf den ich das Blech stellte, den Karton legte ich innen mit Alufolie aus, im Karton befand sich die Heizröhre vom Baumarkt, wie sie im Bad verwendet wird. Ich konnte die Heizröhren stufenweise regulieren. So hatte ich mit dieser „Erfindung“ immer heiße Mandeln. Die Leute die kauften waren begeistert, aber es kauften einfach zu wenig.

Mein Stand war vom Feinsten, aber es lief nichts.

Mit dem Hotel hatte ich ja für die Zeit einen festen Preis ausgehandelt. Alles in allem, ich kam auf keinen Gewinn. Mit Mühe und Not konnte ich meine fixen Kosten decken. Es war eine Pleite.

Zu allem Überfluss musste mein Auto zum TÜV, nochmal Kosten.

Meine Träume von Andalusien schmolzen dahin. Ich musste im Zentrum bleiben, den Platz weiter mieten und aus meinem Warenbestand von Hobeln verkaufen um den Verlust aufzuholen. Und diesmal klappte es, wäre ich doch nur beim Hobel geblieben.

Das alles in einem Jahr, es war mein Schicksalsjahr. Es ging wieder aufwärts.

Ich musste das Zentrum verlassen, denn auch die Hobelumsätze brachen ein, ich konnte ja nicht ewig dort bleiben.

27. Nymphomanin

Mein Leben ein ewiges Abenteuer, ein schöner Fluch, immer wieder Drogen. Die Droge Alkohol, Frauen, Droge Sex, je mehr ich davon bekam um so süchtiger wurde ich. Frauen hatten es mir immer leicht gemacht. An einigen Tagen bis zu drei Frauen, ich genoss sie alle, konnte mich aber für keine so richtig entscheiden, bis heute. Aber jetzt will ich nicht mehr, es waren zu viele, die meinen Weg kreuzten.

Nun zu diesem Abenteuer. Ich hatte damals einen Verkaufsstand im Hessencenter. Den Platz hatte ich für zwei Wochen angemietet, verkaufte dort Gemüsehobel. Nach zwei Tagen kam das Ordnungsamt an meinen Stand: „Bitte die Reisegewerbekarte“. Ich hatte keine, ich dachte nur jetzt kannst du Geld verdienen, ich musste mir was einfallen lassen. Ich sagte sie sollen morgen wieder kommen, da habe ich ihn dabei. Kurzerhand rief ich meinen Freund Klaus an. Du musst hier herkommen, wir arbeiten zusammen, es gibt Geld für zwei und vergiss deine Karte nicht. Am nächsten morgen stand er auf der Matte, wie man früher sagte. Klaus machte eine Vorführung, schon war wieder jemand vom Ordnungsamt da. Klaus folgte der Aufforderung nach der Karte, ich sagte, dass ich nur einpacken darf und kein Geld annehmen darf, da ich keine Reisegewerbekarte habe. Der Herr vom Ordnungsamt konnte nichts machen und ging.

Klaus war ein Zocker, nicht nur im Casino, sondern auch am Automaten. Ich wurde langsam sauer. Ich arbeitete eine Stunde, er kam nicht bei. Ich suchte ihn. Als ich ihn fand sagte er nur, ich war im Lauf, drückte mir zweihundert Mark in die Hand und sagte, hier dein Anteil. Als wir zum Stand kamen fiel mir ein Zettel auf, der am Stand lag. Darauf stand eine Telefonnummer und der Vermerk, ruf mich bitte an, Siggi. Ich dachte nur wer ist das. Bei meinen Vorführungen war mir eine Dame aufgefallen, elegante Erscheinung, super Figur, sie war an diesem Tag oft bei einer meiner Vorführungen. Nach der Arbeit gingen Klaus und ich zum Essen. Während wir im Restaurant beim Essen saßen, sagte Klaus immer wieder ruf sie doch mal an. Ok, mache ich. Als sie durch die Tür trat, sagte Klaus zu mir nur, was ein super Teil. Zu diesem Zeitpunkt wusste ich nicht, dass mir eine Nymphomanin begegnete. Wir tranken gemeinsam noch etwas. Ich fuhr mit ihr zu mir nach Hause. Schon während der Fahrt war sie so erregt und massierte meinen Penis. Ich konnte es kaum erwarten zu Hause sein. Am liebsten hätte ich sie gleich im Taxi vernascht, aber wir waren ja gleich da. Kaum in der Wohnung angekommen ging es ohne Vorspiel gleich zur Sache. Ich dachte nur was ist das für eine Frau, sie konnte nicht genug bekommen. Nach einiger Zeit nach dem dritten oder vierten mal konnte ich nicht mehr. Sie wollte noch mehr. Ich war so erschöpft wollte nur noch einschlafen. Gott sein dank, endlich schlafen! Ich weiß nicht mehr genau wann ich aus dem Schlaf erwachte, denn sie blies ihn solange bis wieder Reaktionen zu verzeichnen waren. Sie setzte sich auf mich und ritt mich durch, immer wieder, kaum war ich eingeschlafen fing sie wieder vor vorne an. Sie ließ mir keine Ruhe, jede angefangene Stunde. Nachdem mein Penis schon weh tat, wollte ich einfach nicht mehr. Am liebsten hätte ich sie ins Taxi verfrachtet und Tschüss gesagt, es war einfach zu viel. Nach dem Frühstück brachte ich sie zum Taxistand, der ganz in meiner Nähe war. Auf dem Weg dorthin gingen wir an einer leer stehenden Baustelle vorbei, sie zog mich dort hinein, ich musste sie noch einmal durchbumsen. Ich besorgte mir Aufputschmittel, damals Captagon. Zu Hause hatte ich ein Diktiergerät, ich rief sie Tage später an. Bevor sie kam, nahm ich zwei Tabletten und legte das Diktiergerät unter das Kopfkissen um es später meinen Freunden vorspielen zu können, was es für nimmer satte Frauen gibt.

28. Klaus, Susi und die Harten Jungs

Ich hatte damals auf dem Weihnachtsamrkt einen Verkaufsstand. Die Einkaufsstraße Zeil war eine große Baustelle, denn es wurde die U-Bahn gebaut, überall Baulärm, Bagger und mittendrin wir, mit unseren Verkaufsständen. Um an Ware zu kommen gab es damals einen Zentralmarkt und das Handelsmagazin. Dort fand man alle Großhändler Deutschlands, um an Waren sowie Neuheiten zu kommen. Es sprach sich schnell herum, was gerade läuft und was nicht. Ich hatte Kontakt mit Propagandisten von Hamburg bis München.

Sobald etwas Neues auf den Markt kam wurde ich darüber informiert, z.B. der legendäre Zauberwürfel, damals der Hammer auf dem Markt, sowie der Gemüsehobel. Ich war sofort dabei, man sagte früher, es gibt Geld ohne Ende, jeden Tag Frisches, ob Markt oder Milieu. Aber die Wenigsten machen sich

Gedanken über die Zukunft, denn die Welt war ja in Ordnung zur alten DM-Zeit.
Jeder hatte Geld und die Leute gaben es aus. Alle waren zufrieden, die Puffbesitzer und Zuhälter, die Laufhäuser sowie die Kontakthöfe im Bahnhofsviertel Frankfurt, überall war reger Betrieb, überwiegend deutsche, gestandene Frauen. Auch wir Marktfahrer hatten Erfolge quer durch Deutschland. Unter den Markfahrern mauschelt man entweder den Markt unbedingt machen zu müssen, denn das bringt Kohle oder aber die Finger davon zu lassen weil die Leute Ihr Geld in den Hosentaschen festhalten würden.
Eines Tages rief mich Klaus an, fragte, wo bist du, wie läuft's? Ich sagte nur „Indischer Sand“, er antwortete mir: „Bei mir Indischer Sand, fein gesiebt“, da war gar nichts. Damit konnte man damals leben, denn die Woche darauf war die Welt wieder in Ordnung, z.B. auf dem Pferdemarkt Heilbronn. So fuhren wir durch Deutschland, ein Abenteuer jagte das andere, egal, wir hatten Geld, waren jung und frei. Klaus, einer meiner Meister des Gemüsehobels sagte, lass uns gemeinsam durch Deutschland reisen, denn er kannte alle gute Plätze wo es Geld gab. Er verfügte über weitere vielversprechende Tipps von alten Markthasen.
Wir hatten auch einen Marktkalender namens Komet, dort waren alle Märkte aller Bundesländer aufgeführt z.B. Hessen oder Bayern, ob Jahrmarkt oder Wochenmarkt. Wir fuhren mit diesem Marktkalender quer durch Deutschland. Da Klaus ein Zocker war, machten wir immer Stopp an Spielcasinos. Er brauchte den „Zockerkick“, z.B. in Baden Baden. Da ich kein Spieler war saß ich immer an der Bar und schaute den Spielern zu.

Klaus war ein kleiner Mann, er hatte immer Schuhe mit hohen Absätzen an, damit er größer wirkte. Er wollte immer auffallen um jeden Preis und sei es allein mit seinen derben Sprüchen. Wenn wir ein Spielcasino ansteuerten zog er seine Bayerische Zockjacke an. In der Nähe des Eingangs war die Krawattenausgabe und er suchte sich immer die hässlichste Krawatte aus, halt auffallen, wie immer wollte er um jeden Preis im Mittelpunkt stehen.
Wir arbeiteten in Bad Reichenhall in der Fußgängerzone, wohnten im Steigenberger nicht weit vom Spielcasino. Wir machten gutes Geld, blieben in jeder Stadt nur so lange bis die Umsätze einbrachen, dann wechselten wir die Städte oder Einkaufszentren. Hier, in Bad Reichenhall blieben wir einige Wochen, es gab ja gutes Geld; Steigenberger, Bar, Essen, alles vom Feinsten. Alkohol, Frauen, Casino. Klaus zockte jeden zweiten Tag, manchmal schnappte er richtig aber meistens blieb nichts übrig, aber das war seine Sache, ich hielt meine Kohle fest und dachte nur an Urlaub.

Eines Abends, wir waren wieder im Casino, ich saß wie immer an der Bar, Klaus spielte an drei Tischen, er war wie im Rausch. Als er alles verloren hatte kam er zu mir um ein paar Tausend Nachschub zu holen. Auf dem Weg zu mir, er ging an den Spieltischen vorbei, demonstrativ hob der Kleine ein Bein und entlud einen lauten Furz. An den Tischen drehten sich alle um und starten Klaus an. Ich saß an der Bar und schämte mich ihn zu kennen, aber er schaute nur zu den Spielern und antwortete trocken: „Meine Herren spielen sie in Ruhe weiter oder hat da jemand ein Problem“. Das war Klaus.

Unsere Tour in Bayern ging zu Ende. In Frankfurt angekommen arbeiteten wir beim damaligen Hertie auf der Zeil, während der U-Bahnbau unaufhaltsam voran schritt.

Wenn ich in Frankfurt auf der Fußgängerzone Zeil, meinen Verkaufsstand hatte, war ich fast jeden Abend unterwegs ob im Bahnhofsviertel oder Frankfurter Hof, ich war überall. Eines Tages kam ich in ein Lokal, namens Onkel Sam, öffnete die Tür, ging hinein. Hinter der Theke stand der Wirt und schaute mich misstrauisch an, sagte aber nichts. Rechts im Lokal befand sich ein großer runder Tisch. An diesem Tisch saßen fünf Jungs die nicht gerade aussahen als kämen sie aus dem normalen Leben. Einer darunter hatte eine Kutte der Hells Angels an. Ich ging zur Theke bestellte mir einen Drink. Der Wirt sprach kein Wort mit mir, hatte mich aber im Auge. Am runden Tisch wurde gezockt, gelacht und die sogenannte Zigarette (Tüte Hasch) nahm die Runde, denn Paule war aus dem Knast gekommen, das musste gefeiert werden, denn er war einen von ihnen. Immer wenn die Tür aufging und einer wollte herein, musterte der Wirt ihn und sagte Feierabend oder er durfte rein.
Ich kam mir vor wie in einer geschlossenen Gesellschaft. Ich saß an der Theke, musterte die Jungs, sie waren alle aus dem Rotlichtmilieu, auch sie checkten mich ab. Ich nahm noch ein paar Drinks, zahlte und verließ Onkel Sam mit der Bemerkung: Man sieht sich.

Einen Tag später war ich wieder im Onkel Sam, denn die Atmosphäre gefiel mir, das Undurchsichtige, die Unterwelt, Puffbesitzer, Zuhälter. Ich gehörte nicht dazu war aber mittendrin, man akzeptierte mich. Peter, der Wirt, sprach mich das erste mal an. Wir führten ein gutes Gespräch, plötzlich ging die Tür auf und eine

junge Frau kam herein, grüßte kurz mit erhobener Hand die Jungs am runden Tisch. Peter umarmte sie zur Begrüßung, er stelle sie kurz vor; Susi die neue Bedienung. Ich kam in's Staunen, sie war schlank, Spitzbubengesicht, lange glatte Haare bis über den Hintern, genau mein Fall. Auch die Jungs waren angetan. Man sah es an den Gesichtsausdrücken. Ich saß wie immer an der Theke in einer Ecke um alles beobachten zu können. Immer wenn Susi mir ein Getränk brachte schaute sie mir tief in die Augen. Ich dachte nur wie kann ich sie näher kennenlernen. Nachdem ich bezahlte, sagte ich zu ihr: „Komm doch mal vorbei, ich habe einen Verkaufsstand auf der Zeil, Gemüsehobel." Am nächsten Tag stand sie vor meinem Verkaufsstand, lächelte verlegen. Nach einem kurzen Gespräch gingen wir einen Kaffee trinken ins Café Mozart. Dort erzählte sie, dass sie anschaffen würde, ich sagte: „kein Problem ich kann damit leben".
Ich begann mit ihr ein Verhältnis. Im Bett war sie zärtlich und aufregend wild zugleich. Ich war fast täglich im Onkel Sam. Auch die großen Jungs hatten ein Auge auf sie. Vielleicht dachten sie, wir hätten etwas miteinander. Wir taten so, ich sei der Gast sie die Bedienung, es sollte keiner mitbekommen. Susi sagte mir eines Tages , sie hatte viele Freier für kleines Geld, aber die großen Jungs aus dem Leben sind die größten Freier. Immer wenn sie zu mir kam brachte sie nicht nur Geld sondern auch Geschenke. Sie zockte die Großen aus dem Leben ab und ich bekam die Kohle. Ich machte weiter meine Geschäfte auf der Zeil.

In der Zeitung las ich eines Tages, dass zwei Brüder, bekannt in Frankfurt als ganz böse Jungs, sich gegenseitig, der eine den anderen niedergestochen hatten, wegen Susi. Ich musste unbedingt das

Verhältnis beenden, damit ich in Ruhe meine Geschäfte auf der Zeil machen konnte. Fast jeden Abend war ich im Onkel Sam, dort bekam ich meine Captagon (Aufputschmittel). Die großen Jungs aus dem Milieu und ich kamen uns näher, das Misstrauen mir gegenüber war gebrochen. Ich saß mit am runden Tisch. Nach einiger Zeit wurde mir bewusst in welche Gefahr ich mich begab. War nicht meine Welt, trotz des Geldes und des süßen Lebens. Ich liebte meinen Markt und die damit verbundene Freiheit. Geld verdiente ich damals genug um gut leben zu können.

Weihnachten rückte näher, ich hatte einen Platz auf dem Weihnachtsmarkt in Frankfurt. Das erste Jahr hatte ich dort einen Marktschirm, dann eine Weihnachtsbude. Der Verkauf damals mit Porzellanpuppen war der Renner. Der richtige Artikel zur richtigen Zeit am richtigen Platz. Wo ist das ganze Geld geblieben im Leben.

Da ich im Onkel Sam all die Großen kannte kam ich auf die Idee, wenn die Mädels die im Puff oder auch Laufhäuser genannt, arbeiten und nicht zu mir auf den Weihnachtsmarkt kommen, muss ich zu Ihnen. Ich bekam grünes Licht, die Wirtschafter der Häuser wussten Bescheid. Mein Bruder und ich beluden das Auto mit Porzellanpuppen, Seidenkissen, Reizwäsche. In einem Laufhaus bekam ich ein Zimmer gestellt breitete meine Ware auf dem Bett aus. Die Mädels kamen nach und nach zu mir und kauften ein. Die Ein oder Andere bot mir für die Ware Liebesdienste an. In diesem Zimmer begegneten mir am laufenden Band, Mädels mit sexy Strapsen, Lederstiefel bis über die Knie. Das eine oder andere Mädel machte mich

sichtlich nervös, aber ich musste mich auf das Geschäft konzentrieren.
Der Weihnachtsmarkt war zu Ende, die Taschen voller Geld, erst mal im Urlaub erholen von der Arbeit und vom Nachtleben. Eine Kreuzfahrt, jetzt, wäre nicht schlecht.

29. Straßen- und Marktspezialisten

Ich schlenderte damals in der Frankfurter Einkaufsstraße Zeil, diese verläuft von der Hauptwache in Richtung Konstablerwache. Vor dem Kaufhaus Hertie sah ich eine Menschentraube, natürlich wollte ich wissen was da los ist. Da hatte jemand einen Verkaufsstand und pries einen Gemüsehobel an, der damals neu auf dem Markt gekommen ist, der Super-V-Hobel. Ich gesellte mich dazu, hörte mir einige Vorträge an, was mich faszinierte waren die Sprüche des Verkäufers, er hatte alle im Griff, er spielte mit ihnen wie Marionetten. Nach dem er seinen Vortrag beendet hatte, applaudierten die Leute teilweise und hielten ihm den 20,- DM Schein hin. Sein Vortrag dauerte jeweils so lange, so lange er zum Einpacken des Hobels brauchte. Wie viele kauften habe ich nicht mitgezählt, aber es war reichlich. Da ich ziemlich am Anfang seiner Propaganda kam konnte ich viel von ihm lernen. Ich half ihm und hörte mir alles genau vom Anfang bis zum Abschluss des Vortrages an. Den Abschluss nannte man und nennt ihn noch heute den „Portemonnaie Walzer“.

Es musste alles genau stimmen, die Rhetorik, die Gestik, elegante Handführung sowie das Farbenspiel der einzelnen Gemüsesorten nach weiß, rot, die kleinen Zwiebelwürfel fielen zum Schluss. Mal redete man leise, dann wieder laut und betonend. Dies alles wurde mir beigebracht, auf der Straße hatte ich meinen Meister gefunden, es sollte nicht der Letzte sein. Nach einigen Tagen sagte er zu mir: „Klappt ganz gut“. Die Anfänge waren gemacht.

Klaus sagte, Du Stefan ich habe einen Platz vor dem Kaufhaus Bilka am Zoo in Berlin. Ich bleibe hier in Frankfurt, du fliegst nach Berlin. Ware wird vom Spediteur angeliefert, du brauchst nur einen Spezialistentisch und fünf kleine Stapelkörbchen aus Plastik für das Gemüse zum Vorführen. Der Tisch war 2 m, klappbar mit einem eingeschnittenen Griff zum Tragen. So hatte er die Größe von 1 m x 60 cm. Klaus sagte zum Abschied am Flughafen Frankfurt, das wird deine Zukunft. Geschäft heisst, du hast kein Leasinggeschäft sondern ein Klappgeschäft und gib Gas, ok?
In Berlin angekommen, stand ich am Fließband der Gepäckausgabe; erst meine Reisetasche, dann mein Geschäft, der Beutel mit den Obstkörbchen, mein Spezialistentisch, alles mit einem Klebeband der Fluggesellschaft Pan Am, denn die flogen damals überwiegend nach Berlin. Ich übernachtete in einer kleinen Pension inkl. Tisch und Körbchen. Am nächsten Morgen fuhr ich mit dem Taxi zu Bilka am Zoo, klappte meinen Tisch auf, besorgte mir Gemüse zum Vorführen. Die Gemüsehobel wurden vom Spediteur pünktlich angeliefert, es konnte losgehen.
Da ich noch Anfänger war hatte ich die Kunden nicht im Griff, bei jeder Vorführung wurde ich gestört, meine

Schlagfertigkeit zum Kontern beherrschte ich noch nicht. Nach ein paar Tagen warf ich entnervt das Handtuch, ich bekam die Berliner nicht in Griff. Zum Abschied, bevor ich einpackte, sagte ich nur, ich fliege zurück nach Frankfurt in die Freiheit, bleibt ihr hier und lebt mit eurer Knastmauer, denn um Berlin West war eine Mauer die den Osten schützen sollte.

Zurück in Frankfurt sagte Klaus, dass das mit den Leuten nicht so einfach ist, weil die von Bundesland zu Bundesland verschieden sind und darauf musst du eingehen. Nun packen wir die Koffer und fahren über die Märkte, da bekommst du in letzten Schliff, ok sagte ich, das wird schon. Das Abenteuer Markt begann. Da Klaus ein Zocker war, machten wir immer Zwischenstopp, Spielcasino Baden-Baden, wenn wir in Richtung Süden unterwegs waren. Die Casinos in Deutschland zogen ihn magisch an.
Da Krawattenzwang war, suchte er sich immer die hässlichsten Farben aus. Seine kleine bayerische Lederjacke war sein Casino Glücksbringer, wie er sagte. Da ich nicht spielte saß ich immer an der Bar und schaute den Zockern zu. Klaus sprang von Tisch zu Tisch, wie ein Besessener und spielte an drei Tischen zugleich. Wenn er gewonnen hatte, machten wir ein paar Tage Urlaub. Wir fuhren weiter durch die Republik von Markt zu Markt. Es waren Supermärkte dabei, man sagte „Granatenschok“ (Schok heißt jüdisch Markt) oder den Rattenschok kannst du vergessen. So lernte ich den Unterschied zwischen Spreu und Weizen kennen. Wir wollten nur den Weizen. Man lernte auf unseren Touren viele Markthändler kennen, normale, verrückte Sprücheklopfer und die Spezialisten, die Spezialisten, wie der Name schon sagt, mit ihren Klapptischen, ich hatte ja auch einen Klapptisch.

Die Spezialisten die jeder kannte, hatten alle einen Namen und dieser war Artikel bedingt den er mit Erfolg verkaufte. Z.B. Fuß-Peter war bekannt für Fußpflege oder Schuh-Dieter, er verkaufte Schuhpflege, Tuch-Dieter, Spezialist für Putztücher, Bananen-Mattes, den einen nannte man Nase, da diese so markant war, der andere wiederum Lügen-Ralf, egal auf welchem Markt ob gut oder schlecht der machte überall gut und prahlte damit. Da war auch Nutten-Paul, in keiner Stadt kam er am Puff vorbei, es zog ihn magisch an, er war nicht der Einzige. Das schnelle Geld, Weiber, Alkohol, Abenteuer, Leben, Freiheit oder auch Zocker-Egon und Sepp. Sie fuhren immer zusammen da sie manchmal über 14 Tage unterwegs waren, schickten sie immer Geld nachhause damit sie unterwegs nicht alles verzockten. Abends füllten sie die Briefumschläge mit Geld und schickten diese nachhause.
Aber an diesem Abend kam es anders, sie verzockten nicht nur den Tagesumsatz sondern auch noch ihre Reserven. Da fuhren sie zum Briefkasten, holten ihr Abschleppseil aus dem Kofferraum und rissen den Briefkasten aus der Wand, fanden ihre Briefe die nach Hause gehen sollten. Sie waren wieder flüssig um zum nächsten Markt zu kommen.

30. Steuerfahndung

Bevor ich mich selbständig machte, arbeitete ich fast zwei Jahre für Franky auf Prozente. Mir ging es gut, an Steuern dachte ich damals nicht. Es gab jeden Tag Bares auf die Hand. Ich hatte eine Reisegewerbekarte die auf drei Jahre ausgestellt war. Wenn ich mir nichts zu Schulden kommen ließ, wurde sie verlängert. Aber es kam anders. Eines Tages bekam ich Post vom Finanzamt. Ich öffnete die Post die drei Briefe enthielt mit einer Forderung von je 3000Mark Nachzahlung, so die Schätzung des Finanzamtes. Wie sollte ich das bezahlen? Ich hatte gerade genug Geld um selbst zu überleben, nun entzog man mir noch die Gewerbekarte wegen Unzuverlässigkeit. Ich dachte, das muss ich schnell regeln und ging von Behörde zu Behörde, um einen Weg zu finden die Steuerschulden zu begleichen. Man gab mir keine Chance; eine Behörde schickte mich zur nächsten, keine war für mich zuständig oder konnte mir helfen, obwohl im Gesetz steht, wenn jemand aus eigener Kraft versucht wieder in normale Bahnen zu kommen, soll ihm Unterstützung zukommen. Ich machte dem Finanzamt den Vorschlag mir solange eine Sondernutzungserlaubnis auf der Zeil zu geben, um meine Steuerschuld zu begleichen. Jede Woche könne dann ein Beamter tausend Mark abholen bis meine Schulden bezahlt sind. Es geschah nichts. Man schickte mich zur letzten Behörde, vielleicht können die ihnen helfen. Als ich dort im siebten Stock die Aufzugstür öffnete sah ich das große Schild an Wand auf dem stand „Für Nichtseßhafte und Haftentlassene“. Ich dachte ich bin im verkehrten Film, zog eine Nummer und wartete. Im Raum saßen Durchreisende mit Rucksäcken bepackt und tranken ihr Bier. Ich schüttelte nur den Kopf, denn was soll ich hier. Ich betrat das Zimmer in dem eine

Frau und ein Mann die Fälle bearbeiteten. Sie fragten mich was ich wolle. Ich sagte, das weiß ich auch nicht, ich möchte ihnen meine Geschichte gar nicht mehr erzählen. „Brauchen Sie Geld?“ Nein sagte ich. Haben sie einen Ausweis dabei fragte der Bearbeiter, dann können sie sich im ersten Stock an der Kasse dreißig Mark abholen. Ich erwiderte: „Sagen sie ihrem Oberindianer Kohl der Staat kann mich mal, mit diesem Staat will ich nichts mehr zu tun haben.“ Ich holte das Geld trotzdem. Um die Ecke war eine Tankstelle, dort stand mein Auto, ich tankte es voll.
Ich musste meinen eigenen Weg gehen, ohne staatliche Hilfe. Ich schaffe es wieder, auch ohne Reisegewerbe, trotz der Steuerschuld. Ihr konntet mir nicht helfen, dann erwartet nichts von mir. Ich dachte an den Spruch: „Bist du Gottes Sohn so hilf dir selber“. Das ging zehn Jahre gut. So bestellte ich weiterhin Ware und arbeitete auf den Märkten in Deutschland. Mit den Jahren stieg meine Steuerschuld wegen der Säumniszuschläge auf ca. fünfundvierzigtausend Mark. Wie soll ich das nur bezahlen? Ich machte mein Ding weiter.
Ab und zu wenn die Geschäfte gut gingen überwies ich ein paar Mark dem Finanzamt, damit ich in Ruhe arbeiten konnte. Nach zehn Jahren Freiheit und schönen Erlebnissen stand 1991 die Steuerfahndung vor der Tür meines Bruders, denn dort war ich damals gemeldet, wohnte aber nicht da. Ich hielt mich in Deutschland und Österreich bei Salzburg auf. In Salzburg wohnten Rita und ich in einem Haus in dem einige Wohnungen Ritas Mutter gehörten. In Salzburg meldete ich ein Gewerbe an und fuhr dort die Märkte, Messen und Einkaufszentren an sowie weiterhin in Deutschland. Ich machte wie immer was ich wollte und gab dem Staat was ich dachte, mal mehr mal weniger. Steuererklärungen landeten bei mir in der Tonne.

Eines Tages bekam ich eine Ladung von der Steuerfahndung. Mein Bruder sagte: „du hast doch Beziehungen in Spanien, Österreich und Schweiz, setz dich ab“. Ich sagte nur egal was kommt, ich stelle mich. Bevor ich zur Vorladung ging gab ich einer Bekannten ein paar tausend Mark für einen guten Anwalt, falls die mich festgenommen hätten. Ich öffnete die Tür, ein Mitarbeiter der Steuerfahndung stellte sich vor, er war sehr freundlich, es ging ja um Geld. Als sich die Tür hinter mir schloss hörte ich dreimal klack. Ich war gefangen. Wir saßen uns gegenüber. Er öffnete einen dicken Aktenordner, sagte nur, was haben sie mit dem ganzen Geld gemacht. Ich sagte nur: „Gelebt“. Ich hatte kein Konto in Deutschland, mein Geld war in Österreich auf einem Nummernkonto und ein kleiner Teil bei einer Sparkasse in Salzburg. Etwas später bekam ich eine Geldstrafe von neunzig Tagessätzen á 50 Mark, die zahlte ich in monatlichen Raten ab. Damals wohnte ich in Bautzen, die Post dort wurde damals umgebaut. Was ich nicht wusste, die Post schickte eine Mahnung vom Finanzamt zurück. Das war die letzte Rate. Vom Finanzamt hörte ich nichts mehr.

Drei Jahre spater kam ich aus Spanien zurück. In Bautzen fuhr ich zu meinem Freund, Abo, der dort lebte und einen Dönerladen hatte. Mein Auto stand gegenüber, ich trank etwas im Laden und konnte sehen wie vier Beamte um meinen Wagen gingen. Ich ging auf sie zu und fragte ob es ein Problem gibt. „Ihre Papier bitte“, sagten sie, die hatte ich vergessen. Wir fuhren mit BGS-Bus zur Talsperre wo der Wohnwagen stand. Als sie meine Papiere überprüften hörte ich über den Funk den Satz: “Positiv, sofort festnehmen“. Meine

Partnerin fragte wohin sie mich bringen. Nach Eberbach in Gewahrsam. Ich wusste nicht worum es ging. Meine Partnerin kam kurz vor zwölf Uhr und brachte fünfhundert Mark. Das war die letzte Rate an das Finanzamt. Drei Jahre Haftbefehl! Gut dass ich meine Papiere nicht dabei hatte. Ein Beamter sagte ich hätte Glück gehabt, denn um zwölf Uhr wäre ein Transport nach Frankfurt gegangen. Das alles wegen der Post aus dem Jahr 2004. Ich hatte immer noch keine Reisegewerbekarte, arbeitete immer weiter. Ich sagte mir egal was passiert, ich gehe zum Finanzamt um eine Reisegewerbekarte zu bekommen. Die Bearbeiterin tippte meine Daten in den Computer, nichts, der Bildschirm blieb grau, daraufhin versuchte sie es nochmal, es geschah nichts, der Bildschirm blieb grau. Wann haben sie das letzte mal gearbeitet, fragte sie. Ich konnte doch nicht sagen, gestern. Sie sind ja gar nicht steuerlich erfasst, was wollen sie, fragte sie? Ich sagte eine Reisegewerbekarte. Zwei Wochen später waren die Papiere da, ein Umsatzsteuerheft und eine Bescheinigung dass gegen mich nichts vorlag. Ich war wieder sauber und ohne Schulden. Es kann von vorne los gehen. Jetzt weiß ich wie meine Zukunft funktioniert. Einfach machen, geklärt wird später.

31. Kriminelle Energie

Eines Tages traf ich Gerhard, er hatte gerade eine Modellagentur gegründet, also er war ganz am Anfang und er suche noch einen Fotograf. Da das fotografieren mein Hobby war, sagte ich das könnte ich doch machen. Er nickte, so arbeitete ich in einem kleinen Studio. Nebenan hatte Gerhard sein Büro. Nachdem er einige Annoncen schaltete ging den ganzen Tag das Telefon. Ihm war egal wie die Mädels ausgesehen haben oder wie alt sie waren, er nahm sie alle in seine Kartei auf. Er wollte nur die hundert Mark Aufnahmegebühr. Ich machte die Fotos, jeden Tag neue Frauen, alle träumten vom großen Laufsteg. Die eine oder andere war etwas länger im Büro, auch bei mir im Studio.

Ich machte Fotos für Setkarten, Portraitaufnahmen, Außenaufnahmen, Bikiniaufnahmen im Studio. Einige Models machte selbst mich nervös und das jeden Tag, immer neue Eindrücke. Ich schaute dabei etwas länger durch die Linse und gab meine Anweisungen wie sie sich bewegen sollten. Es waren auch Mädels dabei die spezielle Wünsche hatten, das eine oder andere geschah nach Feierabend in meinem Studio. Gerhard und ich lernten einen Zuhälter kennen, sein Mädel schaffte in Frankfurt an. Sie war früher Model, hatte eine Modellschule besucht, aber sie schaffte den Erfolg nicht und landete im Puff. Gerhard sagte die können wir ein bis zweimal die Woche gebrauchen, sie soll unsere Mädels ausbilden wie man sich bewegt als Model. Gesagt getan, wir handelten einen Deal aus, den unsere Modelle zahlten für diese Schulung. So kamen alle zurecht. Nach einigen Monaten gingen die Geschäfte zurück. Gerhard meinte wir müssen uns etwas Neues einfallen lassen. Zwei Mädels hatten es geschafft und bekamen den einen oder anderen Auftrag, das Große war nicht dabei.

Mit einer hatte ich ein Verhältnis, wir machten gemeinsam Urlaub. Mein Freund Bernd begleitete uns nach Südfrankreich, dort lernten wir Olaf kennen, er hatte dort ein Haus. Wir feierten die eine oder andere Nacht durch, Koks war auch dabei. Eines Nachts wachte ich auf einer Couch im Wohnzimmer auf, ich war dort alleine. Ich ging in eines der Schlafzimmer, dort war mein Freund mit meinem Mädel im vom vollem Gange. Er sagte nur, ich bin nicht Schuld, sie wollte es. Nach einigen Wochen ging es zurück nach Frankfurt.

Gerhard hatte eine neue Idee um an Geld zu kommen. Er hatte einen kennen gelernt, der Kontakte zum Flughafen hatte, der Frachtbriefe ausstellte. Bei Mannheim machten sie eine Briefkastenfirma auf, die hochwertige Elektronikteile in alle Welt verschickten. Nur kamen die nie an, aber die Papiere waren vorhanden, es ging um die Mehrwertsteuer. Als die Taschen voll waren kam das nächste Ding. Ich hielt mich zurück, es war mir zu heiß, denn er wollte auf die Schnelle einige Versicherungen knacken. Das mit der Modellagentur war ja noch ok, aber die anderen Geschichten waren nicht mein Ding. Trotz allem hielt ich Kontakt, denn das eine oder andere kam mir zugute, Urlaub, Leben einiges mehr.

Gerhard hatte eine Versicherungsagentur eröffnet, er vertrat alle Versicherungen die es damals gab. Ich besuchte ich ihn abends in der Nähe von Frankfurt. Alle Vorhänge waren zugezogen, in einem Raum war ein

Buffet von einem Nobelhotel aufgebaut, inklusive Champagner. In den verschiedenen Räumen waren Versicherungsagenturen aus ganz Deutschland vertreten. Sie schrieben die ganze Nacht an Verträgen. Gerhard fuhr am nächsten Morgen nach Karlsruhe mit einem kleinen Koffer voller Verträge. Es waren bis auf wenige nur Stornos. Er kam am Nachmittag mit einem kleinen Koffer Geld zurück. Nun kam es zur Geldverteilung, alle fuhren nach Hause zurück und nahmen sich die nächste Versicherung vor solange es ging. Irgendwann war für Gerhard das Spiel vorbei, aber er hatte genug kassiert, jetzt wollte er was Neues machen. Er stieg ins Kreditgeschäft ein. Er versprach den Leuten Kredite ohne Schufaauskunft. Es gäbe ein Steuerparadies, erzählte er den Leuten. Er kassierte nur die Vermittlungsgebühr und das war einiges. Die wenigsten bekamen einen Kredit.

Eines Tages besuchte ich ihn mal wieder. Auf seinem Schreibtisch lag ein Stapel Papiere von seinen Kunden, die auch von seinem sogenannten Steuerparadies kein Geld bekamen. Er sagte was hier liegt sind einige tausend Mark Vermittlungsgebühr, du kannst hier Termine machen, besuche die Kunden. Die bekommen sowieso kein Geld. Mach ihnen nochmal Hoffnung und nehme dreißig Mark für dein Kommen ab. Ich sagte nein danke und bin kurz darauf gegangen. Danach hatte ich nur noch wenig Kontakt zu ihm. Das Letzte was ich hörte er hätte ein Nobel Restaurant. Ich war sein Gast. Kurze Zeit später bekam er einen Herzinfarkt den er nicht überlebte. Ich war geschockt, trotz allem was er auch machte, es war ein Freund. So musste er gehen.

32. Glück gehabt

Maggi lernte ich in einem Cafe in Frankfurt kennen, sie war hübsch und lieb. Gleich kamen wir uns näher. Sie hatte einen kleinen Friseursalon in Frankfurt, eine schicke Wohnung, genau mein Geschmack, es passte einfach alles. Ich machte meine Straßengeschäfte, sie ihren Salon. Wir hatten ein schönes Leben. Eines Tages sprach mich Franky an, er hatte den Vertrieb von Gusspfannen weltweit. Damals der Renner, jeder wollte sie haben, Anfang der 80iger Jahre. Er sagte, wir kennen uns gut, du kannst einen der besten Verkaufsplätze in Deutschland haben, in Köln auf der Hohestraße. Er zeigte mir eine Abrechnung des Verkäufers der dort die Pfannen vorführe und verkaufte. Er verdiente an Umsatz soviele Prozente im Monat, dass machte ich gerade mal an Umsatz. Das Angebot war sehr gut aber wäre da nicht Maggi, ich frisch verliebt, sie auch. Wir hatten doch alles zum glücklich sein. Ich nahm das Angebot nicht an. Ich war wie immer viel unterwegs auf den Märkten und verkaufte meinen Gemüsehobel. Ich hatte ein komisches Gefühl, Maggi war nicht so wie immer, irgendwas war da. Eines Tages sagte ich zu ihr, ich bin einige Tage unterwegs auf den Märkten, ich melde mich wenn ich zurück komme. Ich rief sie an und sagte ich komme morgen Abend, aber ich bin noch am gleichen Tag Richtung Frankfurt gefahren. Spät am Abend war ich zu Hause. Ich öffnete die Tür, sie stand vor mir wie erstarrt, sagte keinen Ton. Sie hatte mit mir nicht gerechnet. Wir gingen gemeinsam in die Küche, da saß er. Ich dachte nur bleib ganz ruhig. Sie sagte keinen Ton, ich spürte ihre Angst. Er sagte auch nichts. Ich setzte mich auch an den Tisch. Nun waren wir zu dritt.

Ich sagte willkommen bei meiner Hure. Maggi ging ins Schlafzimmer, es wurde ihr zu heiß. Ich sagte nur zu ihm, wir können jetzt einen Dreier machen, auf was stehst du reinstecken oder dir lieber einen blasen lassen. Es gab keinen Stress, er ging, ich hatte trotzdem Frust ohne Ende. Ich ging ins Schlafzimmer, sie lag da und schaute mich nur an, sagte keinen Ton. Ich zog mich aus, sagte nur du bekommst jetzt was du brauchst. Sie sagte bitte, bitte nicht. Mir war es egal, ich zog die Bettdecke weg, zog ihr den Slip aus und nahm sie. Je mehr sie sich weigerte umso besessener wurde ich. Ich dachte nur, ich gebe es dir, ich beschimpfte sie und nahm sie immer wieder. Aus Liebe wurde Hass, leider. Wir trennten uns. Eines Tages bekam ich eine Ladung von der Polizei. Sie hatte mich angezeigt wegen Vergewaltigung. Ich nahm mir einen Anwalt der sagte: „Wenn das schief geht, dann nicht unter zwei Jahren“. Was sollte ich tun, erst war es Liebe, jetzt Knast. Mein Anwalt sagte mir: „Egal wie sie es anstellen, sie müssen sie überreden noch einmal mit ihnen zu schlafen, dass sie die Anzeige zurück nimmt. Wenn möglich schmieden sie Heiratspläne“.

Welch eine Aufgabe, ich schickte ihr Briefe, bat um Verzeihung. Wir trafen uns, ich redete liebevoll auf sie ein, sie antwortete nur: „Ich wollte dich nicht anzeigen, meine Schwester zwang mich dazu." Wir gingen gemeinsam zu mir nach Hause, es war schön, sie hat mir verziehen. Etwas später bekamen wir eine Ladung der Staatsanwaltschaft Frankfurt. Er stellte die Sache gegen mich ein, er sagte: „Nur an die Heirat, das glaube ich nicht“.

Leider wurde aus unserer Zukunft nichts. Wie immer bin ich rastlos meinen Weg gegangen.

33. Epilog

Erkenne die Menschen und bleib trotzdem offen für Alles. Jeder wird durch Höhen und Tiefen gehen. Nur so erkennt er seine Stärken und Schwächen. Man kann fallen, aber erst das Aufstehen macht stark.
Wenn Du dich gefunden hast verstehst Du die Menschen. Nur so erhältst du die Weisheit, das Eine von dem Anderen unterscheiden zu können. Egal welche Tiefschläge du erlebt hast, bleib positiv. Negative Menschen ziehen dich nur runter. Meide sie, so bleiben deine Gedanken klar und offen für Neues.

Wie Du auf die Menschen zugehst, kommt es zurück. Egal welcher Weltanschauung oder Religion, ob schwarz oder weiss, jung oder alt. Behandle alle gleich. Von jedem kannst Du etwas lernen. Wenn Du dich in allen Gesellschaftsschichten bewegt hast oder bewegen kannst, dann kannst du über den Menschgen urteilen.
So erkennst Du Gier, Neid , Missgunst und Schadensfreude und brauchst dich nicht hinter einer Fassade zu verstecken. Wenige können die Wahrheit vertragen, wenige trauen sich die Wahrheit zu sagen.

Viele bauen sich eine Mauer aus Angst entdeckt zu werden, sind misstrauisch, unzufrieden und einsam. Denn alle suchen nur das Eine: Zufriedenheit, Liebe , Geborgenheit, Zuneigung, Vertrauen, Respekt.
Viele haben den Zwang zur Suche nach Geld, Annerkennung, Macht, Selbstbestätigung und orientieren sich nach anderen und gehen am Wesentlichen , was Leben bedeutet, vorbei.

Es war ein langer Weg um das zu erkennen. Nun freie ich mich, wenn ein neuer Tag beginnt. Was bringt er? Das was ich aus ihm mache. Was ist ein Tag? Was ist eine Woche, ein Jahr? Lebe heute! Morgen ist morgen. Gestern war gestern. Mache dir keine großen Gedanken über die Zukunft - sie kommt so oder so. Wer es richtig oder falsch gemacht hat zeigt sich später. Geh deinen Weg, lebe deinen Traum. Nackt bist du gekommen, nackt wirst Du gehen. Man hat dir alles nur geliehen. Sei dankbar dafür. Gib was du geben kannst. Versuche nicht die Menschen zu verändern, ändre Dich, dann hast Du dein Ziel erreicht.

Stefan Köhler

Besonderen Dank

Bei der Realisation dieses Buches haben mitgeholfen:

Marisa Schennach
Karin Wagner
Alexander Spoden

Wahre Geschichten aus dem Leben.
Namen wurden geändert.

Jeder der einen Formfehler findet, darf ihn behalten.